Rolf Hensel

# Erich Rubensohn
# und
# Carl-Albert Brüll

Rolf Hensel

# Erich Rubensohn und Carl-Albert Brüll

*Ein jüdischer Lehrer und ein christlicher Anwalt in dunklen Welten des 20. Jahrhunderts*

HENTRICH & HENTRICH

**Umschlag vorn, von oben links im Uhrzeigersinn:**

1 Hedwig Thöne, 1887–1962, Oberschulrätin in der Berliner Schulverwaltung
2 Olivier Messiaen, 1908–1992, französischer Komponist
3 Elisabeth Schmitz, 1893–1977, Studienrätin an Gymnasien in Berlin und Hanau
4 Hans Meinshausen, 1889–1948, Berliner Stadtschulrat und Oberbürgermeister von Görlitz
5 Leonore Goldschmidt, 1897–1983, Schulleiterin eines jüdischen Gymnasiums in Berlin
6 Walter Ulbricht, 1893–1973, Erster Sekretär des ZK der SED und Vorsitzender des Staatsrats
7 Carl-Albert Brüll, 1902–1989, Rechtsanwalt in Görlitz, Verwaltungsgerichtsrat in Berlin
8 Walter Hübner, 1884–1970, Oberschulrat in Berlin, Professor für Anglistik
9 Otto Zander, 1886–1938, Abteilungsleiter beim Oberpräsidenten der Provinz Brandenburg
10 Joseph Goebbels, 1897–1945, Reichsminister für Volksaufklärung und Propaganda
11 Rolf Helm, 1896–1979, Generalstaatsanwalt in Sachsen und Berlin
12 Fritz Karsen, 1885–1951, Reformpädagoge und Schulleiter in Berlin

# Inhalt

# Vorwort

## Ein jüdischer Lehrer und ein christlicher Anwalt in dunklen Welten des 20. Jahrhunderts

Die Lebensbogen eines jüdischen Lehrers und seiner Frau sowie eines christlichen Anwalts ergänzen sich in »Gefährlichen Zeiten« (Eric Hobsbawm) vor den »braunen« und »roten« Hintergründen des 20. Jahrhunderts. Sie begegnen dem mörderischen Zugriff des verirrten Denkens und Wollens gefährlicher Potentaten und derer Gedankengebäude und sind letzten Endes den Wirkkräften von Glück und Unglück ausgeliefert. Das führt zu einem unterschiedlichen finalen Szenario: in dem einen Fall zum Verzweiflungstod, in dem anderen zu einem Durchkommen mit Ehrungen. In ihrem Leben und Wirken manifestieren sich die Wendungen der deutschen Zeitgeschichte eindrücklich. Ihre überzeugende Menschlichkeit ehrt alle vorgestellten Personen.

*Erich Rubensohn*, ein jüdischer Studienassessor in Berlin, auch als Erste-Weltkriegs-Opfer ohne Chance

*Dr. Gerti Rubensohn-Will*, eine jüdische promovierte Chemikerin ohne Perspektive

*Carl-Albert Brüll*, ein christlicher Anwalt in Verantwortung für Kultur, für Recht, für Freiheit

Die Lebensläufe berühren sich auf eigene Weise. Der Studienassessor Erich Rubensohn vertritt 1930 den Nationalsozialisten Hans Meinshausen im Schuldienst, weil dieser, entgegen dem Verbot in Preußen, Propaganda für eine politische Partei betreibt, die womöglich umstürzlerisch sein könnte: für die NSDAP. Er wird aus dem Dienst entfernt wie manch andere Parteigenossen (Pgg) auch. Diese Partei sollte dennoch Erfolg haben und Rubensohns katastrophales Ende begründen wie auch das Leiden zahlloser anderer Menschen. Rubensohns Kampf gegen die Perspektivlosigkeit bleibt wie auch der Widerstand nicht weniger – aber zu weniger – »Stiller Helden« zum Scheitern verurteilt.

Beinahe 20 Jahre später wird der Anwalt Carl-Albert Brüll von der Sozialistischen Einheitspartei Deutschlands SED und der Sowjetischen Militäradministration in Deutschland SMAD gezwungen, diesen Mann 1948 in Görlitz in einem stalinistischen Schauprozess so zu verteidigen, dass das Bühnenbild einer bürgerlichen Gerichtsbarkeit komplett wird, in einem »Nürnberg der Zone«. Brüll nimmt die Situation ernst und positioniert sich mit großer Verantwortung.

Unvermeidlich ist Meinshausens Tod auf dem Schafott in Dresden; dieser ist zugleich eine Station auf dem Weg von Ulbricht und Mielke zum Ministerium für Staatsicherheit MfS. Weitere Anlässe zur Verantwortungsübernahme ergaben sich für Brüll auch 1940 im Kriegsgefangenenlager bei Görlitz, beim Volksaufstand am 17. Juni 1953 und anderweitig, immer für Kultur, für Recht, für Freiheit, stets in »gefährlichen Zeiten«.

Freilich: »Wo dräut's nicht irgendwo auf dieser Welt« (nach *Faust II*), wo und wann wären es nicht gefährliche Zeiten, in Sonderheit, wenn verirrte Potentaten und rigoristische Denkweisen den Boden bereiten, um Widerstand und Freiheitsstreben vernichtend anzugehen. Auch Hobsbawm weiß natürlich, dass *The Age of Extremes:*

*The Short Twentieth Century 1914–1991* (London 1994) einschließlich des »Zweiten Dreißigjährigen Krieges« (Hans-Ulrich Wehler) nicht die letzte Zeit für dunkle Welten war, wenngleich diese Zeit für viele Denker und Deuter für eine ganze Weile als die schrecklichste und menschenfeindlichste der Geschichte galt. Ob man das mit Blick auf die nachfolgenden, gegenwärtigen und leider auch künftigen Zeiten so sehen kann, muss wohl offenbleiben. Wenn auch für die Schreckensbilder des kurzen 20. Jahrhunderts ein Vergessen grundsätzlich nicht erlaubt ist, nicht möglich ist, muss man diese Bilder immerfort bewusst vor Augen behalten, um zu wissen, was einem droht und was zum Bereich des Möglichen zählt – und um die Würde der Opfer zu bewahren, deren Dasein in der Begegnung mit den Mächten der Menschenverachtung beschädigt oder zerstört wurde. Dazu sollen die in diesem Buch beleuchteten Ausschnitte und Verhältnisse dienen.

*Danksagung*. Für Beratung und Unterstützung beim Entstehen dieser Essays sind – wieder einmal – Prof. Dr. Gerd Jüttemann (Berlin) für die psychologischen Facetten, Prof. Dr. Frank Rutger Hausmann (Freiburg im Breisgau) für die politisch-kulturellen Aspekte sowie in einem weiter reichenden Rückblick dem Bildungshistoriker und Reformpädagogen Dr. Gerd Radde (†) zu danken. Aus dem Privatbesitz hat Dr. Friedrich Bilzer Dokumente aus dem Nachlass von Carl-Albert Brüll zur Verfügung gestellt. Dafür und für weitere Beratung ist ihm herzlich zu danken.

# Teil I:

## Erich Rubensohn (1896–1942) und Gerti Rubensohn (1902–1942) im Berlin der dunklen Zeit

*»Solang' ein edler Biedermann mit einem Glied sein Brot verdienen kann, so lange schäm' er sich, nach Gnadenbrot zu lungern! Doch tut ihm endlich keins mehr gut: so hab' er Stolz genug und Mut, sich aus der Welt hinaus zu hungern.«*

Mit diesen Worten Gottfried August Bürgers endete 1935 die Eingabe des jüdischen Studienassessors Erich Rubensohn an den »Führer und Reichskanzler« mit der Bitte um Belassung im Amt.[1] Und genau in diesem Sinne endete sein Leben und das seiner Frau Gerti im Jahr 1942, in freier Entscheidung und im Vorgriff auf das Morden an fernen Orten. Einen kräftigen und lückenlosen roten

1 Auf dieses Dokument wird vorab wiederholt Bezug genommen: *Erich Rubensohn*, An den Führer und Reichskanzler. Gesuch des Schwerbeschädigten Studienassessors Erich Rubensohn aus Berlin-Pankow um Belassung im Amt, Berlin, 21. November 1935, Bundesarchiv Berlin R 4901 Nr. 4717, Bl. 99. Auf dieses Dokument (Gesuch) wird weiter unten ausführlich eingegangen.

Faden durch seinen Weg »in gefährlichen Zeiten« haben wir nicht.[2] Die Fragmente von Stationen seines Lebens und Wirkens erlauben aber einen literarischen Stolperstein zu setzen, eingebettet in Szenenbilder zu Herrschaft und Gegnerschaft in dunkler Zeit, nach inzwischen achtzig Jahren.[3]

---

2 *Eric John Ernest Hobsbawm*, Gefährliche Zeiten. Ein Leben im 20. Jahrhundert, München und Wien 2003, Original: Interesting Times. »Gefährliche Zeiten« und »Zeitalter der Extreme« 2019, in Neuauflagen.

3 »Stolpersteine« zum Gedenken an die ermordeten Juden in Deutschland am Ort ihres letzten Wohnsitzes gibt es in der Republik mehr als 50 000, in Berlin mehr als 8 000, nicht überall und nicht allein in der Gestalt jener von Gunter Demnig publik gemachten.

## Reuterstadt Stavenhagen. Am Sophien-Gymnasium in Berlin

Erich Rubensohn wurde am 9. März 1896 in der Reuterstadt Stavenhagen in Mecklenburg als einziges Kind des jüdischen Realienhändlers Paul Rubensohn (1863–1932) und dessen Frau Hulda (1864–1920), geb. Wronker, geboren. Paul war eines von neun Geschwistern aus Crivitz in Mecklenburg (deutsche Volkszählung von 1867). Das Ehepaar, beide jüdischen Glaubens und verheiratet seit 1894, wohnte seit 1894 in Stavenhagen in der Ivenacker Straße 64. Diese Rubensohns waren auf dem Weg durch Mecklenburg, wo etliche Familien mit diesem Namen verzweigt lebten. Ihre Lebenswege werden gegenwärtig genauer erforscht. Sie führen teilweise bis nach Übersee, teilweise »im Reich« in den frühen Tod.[4]

Solcherart Wanderung war möglich geworden, weil nach 1867 durch das *Gesetz über die Freizügigkeit im Norddeutschen Bund* der Zwang zur Ortsfestigkeit für Juden aufgehoben und die Suche nach besseren Lebensverhältnissen erleichtert war, welche sich vor allem in Richtung der größeren Städte orientierte.[5] In Stavenhagen betrieb Paul Rubensohn einen Handel mit Stoffen und Pelzen. Schon

---

4 Daten von Diana Dinse-Ewert vom Max-Samuel-Haus in Rostock sowie von Michael Häcker vom Fritz-Reuter-Literaturmuseum in Stavenhagen. Es wird herzlich gedankt. Zuletzt *Dorothee Freudenberg*, Geschichte der jüdischen Gemeinde Stavenhagen 1750–1942, Schwerin 2020.

5 *Bundesgesetzblatt des Norddeutschen Bundes*, Band 1867, Nr. 7, 55–58, Fassung vom 1. November 1867. Diese Regelung wurde durch die mecklenburgischen Abgeordneten im Reichstag des Norddeutschen Bundes besonders unterstützt. »§ 1 Jeder Bundesangehörige hat das Recht, innerhalb des Bundesgebietes: 1. an jedem Orte sich aufzuhalten oder niederzulassen, wo er eine eigene Wohnung oder ein Unterkommen sich zu schaffen im Stande ist« (…) Daran darf er auch nicht »um des Glaubensbekenntnisses Willen« gehindert werden. Das war vorher nicht so.

1898 zog es ihn weiter nach Berlin. Samt Familie ließ er sich in der Spandauer Vorstadt nieder, einem Teil des heutigen Bezirks Mitte. Die Familie lebte in der Krausnickstraße 14 in einem der frühen Mietwohnhäuser, das 1862 noch vor dem eigentlichen Bauboom der Gründerzeit um einen engen Innenhof gebaut war.[6] In den einschlägigen Adressverzeichnissen wird Paul Rubensohn als »Verwaltungsbeamter« geführt.

Die so genannte »Spandauer Vorstadt« ist zwischen Spree, Torstraße und Rosenthaler Straße, unweit des Dorotheenstädtischen Friedhofs gelegen. Es ist ein Quartier, wo mit dem Jüdischen Krankenhaus, der Jüdischen Mädchenschule, Alter und Neuer Synagoge, Jüdischem Altenheim und Friedhof und anderen Institutionen jüdisches Leben und Wirtschaften, jüdische Kunst und Kultur umfänglich repräsentiert waren.[7] Es war lange Zeit ein bedeutender Ort des liberalen Preußens: mit dem Katholischen Krankenhaus St. Hedwig, der Evangelischen Sophienkirche und den genannten jüdischen Einrichtungen, später eine Region des Grauens: das Sammellager Große Hamburger Straße, eine Zusammenführung von Jüdischer Knabenschule und Altenheim, die Rosenstraße und andere Orte.

Dort besuchte Erich Rubensohn das renommierte Sophien-Gymnasium, dessen Reste heute örtlich zu sehen sind in der Weinmeisterstraße 15 als rotem Klinkerbau im Stile der Preußischen Bauakademie des Architekten Adolf Gerstenberg, der auch andere Häuser gestaltet hatte, zum Beispiel das unweit gelegene Köllnische Gymnasium. Es war eine Stätte für die höhere preußische Bildung, an der auch viele andere Knaben und junge Männer aus jüdischen Familien ihren Weg in die gehobene preußische Gesellschaft suchten,

6 *Volker Hübner/Christiane Oehmig*, Spandauer Vorstadt in Berlin-Mitte, Petersberg 2012, 133.

7 *Andreas Nachama*, Ein jüdisches Quartier in Berlin, in: *V. Hübner/Ch. Oehmig*, Spandauer Vorstadt; wie Anm. 6, 219–233.

musterpreußisch natürlich: das System der alten Sprachen, durchaus auch die aktuellen ingenieurstechnischen Themen (Fahren-Flotte-Funk-Fliegen), aber auch die in diesem Zeitraum einseitig auf Goethe und Schiller fokussierte literarisch-ästhetische Bildung, alles abseits aller demokratischen Orientierung auf dem »langen Weg nach Westen«, der noch durch etliche Abgründe führen sollte. Der Hindernislauf der Prüfungen und Zulassungshürden, allseitig akzeptiert trotz Fontanes Kopfschütteln schon seit langem, stand Rubensohn noch bevor. Zur Religionszugehörigkeit in Jungen-Gymnasien in Berlin-Mitte zu Anfang des Sommerhalbjahres ergibt sich folgendes Bild:[8]

| Gymnasium in Berlin | Schuljahr | evang. | kath. | jüdisch |
|---|---|---|---|---|
| Köllnisches Gymnasium | 1914–15 | 179 | 19 | 118 |
| Gymnasium zum Grauen Kloster | 1912–13 | 426 | 50 | 36 |
| Joachimsthalsches Gymnasium | 1910–11 | 273 | 4 | 42 |
| Friedrich-Wilhelms-Gymnasium | 1914–15 | 224 | 37 | 48 |
| Französisches Gymnasium | 1899–00 | 141 | 9 | 142 |
| Friedrichs-Werdersches Gymnasium | 1911–12 | 349 | 35 | 114 |
| Friedrichs-Gymnasium | 1914–15 | 171 | 30 | 120 |
| Wilhelms-Gymnasium | 1914–15 | 182 | 11 | 101 |
| Luisenstädtisches Gymnasium | 1914–15 | 113 | 17 | 25 |
| Sophien-Gymnasium | 1914–15 | 113 | 9 | 210 |

Aber auch in »Städten um Berlin herum« gab es Schulstandorte, an der sich die Bildungsbeteiligung jüdischer Familien manifestierte, zum Beispiel am Werner-Siemens-Realgymnasium in Schöneberg,

8 Jahresberichte der berücksichtigten Gymnasien; Schuljahr soweit Angaben zur Religionszugehörigkeit vorhanden. Auswahl der Standorte der Berliner Mitte nach *Ludwig Adolf Wiese*, Das höhere Schulwesen in Preußen, Berlin 1869. Beachtenswert: Das Französische Gymnasium besuchten um 1900 genauso viele evangelische wie jüdische Schüler.

wo für den 1. Februar 1915 pflichtgemäß aufgelistet wurde: 395 Schüler evangelischen Glaubens, 37 katholischen und 387 jüdischen Glaubens. »Den [jüdischen, d. Verf.] Unterricht erteilten die Herren Rabbiner Dr. Sänger, Dr. Süssmann, Religionslehrer Traubenberg und Religionslehrer Pincofs.« Solche Details kennen wir aus den Jahresberichten etwa für das Schuljahr 1914/15.[9] Diese standardisierten »Schulprogramme« der höheren Schulen in Preußen, eine exzeptionelle Publikationsform seit dem Anfang des neunzehnten Jahrhunderts, liegen durchgängig bis zum Schuljahr 1914/15 vor, erfuhren eine Unterbrechung wegen Papier- und Geldmangels und wurden erst 1921 wieder fortgeführt; sie liefen 1942 endgültig aus. Die Schulleiter hatten in vorgeschriebener Weise zu berichten über die Lehrkräfte, die Schüler, Stoffpläne, Unterrichtsverteilung und Prüfungsaufgaben, die Jahreschronik, Statistiken und anderes; wissenschaftliche Expertisen aus der Hand von »Gymnasialprofessoren« fanden Aufnahme. Über viele Jahrzehnte hinweg liefern sie dem Betrachter ein Gemälde von Regularien, Zuständen und Stimmungen, wie sie kaum eine andere Publikationsreihe aus öffentlicher Hand bietet, freilich bis heute immer noch wenig genutzt.[10] Umso wichtiger sind die fast kompletten Sammlungen zum Beispiel in Berlin und Düsseldorf.[11]

---

9 *Sophien-Gymnasium* zu Berlin, 50. Jahresbericht für das Schuljahr 1914/15, Berlin 1915.

10 *Dietmar Haubfleisch/Christian Ritzi*, Schulprogramme. Zu ihrer Geschichte und ihrer Bedeutung für die Historiographie des Erziehungs- und Bildungswesens, in: *Irmgard Sieber* (Hg.), Bibliothek und Forschung: die Bedeutung von Sammlungen für die Wissenschaft, Frankfurt am Main 2011, 165–205; *Rolf Hensel*, »Diese denkwürdigen Tage des Winters ...«. Die Jahresberichte der höheren Schulen Preußens, in: *Berlin in Geschichte und Gegenwart. Jahrbuch des Landesarchivs Berlin* 2015, 55–98.

11 *Bibliothek für Bildungsgeschichtliche Forschung des Deutschen Instituts für Internationale Pädagogische Forschung*, 10243 Berlin, Warschauer Straße 34–38, im Folgenden: BBF/DIPF. – *Heinrich-Heine-Universität Düsseldorf*. Digitale Schulprogramm-Sammlung der Universitäts- und Landesbibliothek Düsseldorf.

**Abb. 1** Reste des Sophien-Gymnasiums in Berlin-Mitte, Aufnahme 2017

Von Erich Rubensohn wurde die erste größere Hürde nach neun Jahren Schulbesuch am 3. September 1914 genommen: die Reifeprüfung am »Sophien«, vier Wochen nach dem Beginn des Ersten Weltkriegs und einen Tag nach der jährlichen Sedanfeier, in diesem Fall ohne Notprüfungscharakter, weil der Unterrichtsbeginn wegen Umbauarbeiten ohnehin erst am 25. August begonnen hatte, vorübergehend im Nachbargebäude des Sophien-Realgymnasiums.[12] Zu diesem Zeitpunkt besuchten die Sophienschule etwa 100 evangelische und 200 jüdische Schüler.

12 *Sophien-Gymnasium*, Jahresbericht 1914/15, wie Anm. 9; 20.

Zu den Stationen des Bildungswegs gehörte also die Abiturprüfung an Michaelis (29. September) 1914. Neben den üblichen Dingen wie »Aus einer Kugel ist ein Sektor ausgeschnitten, so daß das ihm angehörige Kugelsegment sich zum ganzen Sektor wie 7:25 verhält. Wie verhält sich die Gesamtoberfläche des Sektors zur Kugelfläche?« kam zur Bearbeitung: »Wie ist das Wort Schillers zu verstehen, daß die Kunst die größere Hälfte der Schuld Wallensteins den unglückseligen Gestirnen zuwälzt?« Dabei handelte es sich einmal mehr um eines der Wie-Warum-Weshalb-Themen der Vor-Reformpädagogik, bei denen es nicht um wirkliche Erörterung ging, sondern um die Reproduktion des Lehrervortrags aus der Vorbereitung, was mit wirklicher Bildung wenig zu tun hatte.

Zweifellos hatte zu dieser Zeit das formale Wissen eine große Bedeutung und für die Technik-Entwicklung um die vorletzte Jahrhundertwende unübersehbare Wirksamkeit; der deutsche Aufsatz aber hatte trotz der Befürwortung durch Wilhelm II. und der von ihm behaupteten zentralen Rolle für die Bildung freilich nur einen begrenzten Wert für den Einzelnen und einen noch geringeren für die politische Kultur im Reich. Spätestens seit 1860 dominierten die literarisch-ästhetischen Aufgaben beim deutschen Aufsatz. Man schrieb über den Gedankengang oder die formale Form eines Dramas, immer wieder über die Schuld der einen oder anderen Hauptfigur. Schließlich dominierten den Deutschunterricht »im Land der Dichter und Denker« die Heroen Schiller und Goethe und letztlich Iphigenie.[13]

---

13 Weitere beispielhafte Aufsatzthemen für diese Art reproduktiven, auf rein formale Bildung zielenden Unterricht waren: Ein unnütz' Leben ist ein früher Tod. Dies Frauenschicksal ist vor allen meins. Iphigenies Leben war nicht sinnlos. Warum kommt sie dennoch zu diesem Glauben? – Wie erfüllt sich an Isabella das Wort des Chores: Was sind Hoffnungen, was sind Entwürfe, die der Mensch, der vergängliche, baut? – Worin erkennen wir in Goethes Götz den Einfluss Shakespeares wieder und in Hermann und Dorothea den Einfluss Homers? – Auf welche Weise hat Schiller Maria Stuarts innere Umwandlung glaubhaft gemacht? – Inwiefern sind König Ödipus und die Braut von Messina verwandte Dramen?

Die »Großartigkeit« der deutschen Klassik mit Wirkung auf die edle Gesinnung deutscher junger Menschen war so dominant im Aufsatzwesen, dass noch nicht einmal die nationale Opferbereitschaft und die Erziehung zum Sterben thematisch daneben aufkam. Diese Facette der Jugendbildung spielte vor allem bei Schulfeierlichkeiten und im Geschichtsunterricht eine bestimmende Rolle. Es galt: »Schulfeiern sind Erziehungsmittel«; ihre Bedeutung war groß und ihre Häufigkeit spricht für sich. Vorgesetzte Behörden – das Provinzialschulkollegium PSK und das Ministerium der geistlichen, Unterrichts- und Medizinalangelegenheiten – verlangten das ordnungsgemäße Feierverhalten. »Schulakte« übernahmen den emotionalen und wertevermittelnden Zugang zum Gemüt der Zöglinge, den der Sachunterricht nicht immer herstellen konnte. Sie boten vielleicht auch etwas von einem aktionalen Szenario in einer Zeit, die mediale sinnliche Eindrücke nicht in der Weise kannte, wie sie Radio und Film im Laufe der Zeit immer wirksamer übernehmen konnten.[14]

Die »Hochfeste« Kaisergeburtstag, Sedan und Reformationstag wurden gefolgt von Schlachten (Leipzig, Großbeeren, Königsgrätz, Fehrbellin) und von Geburtstagen (Melanchthon, Schiller, Alexander von Humboldt und vielen anderen). Diese Feierfreude wurde später nur noch übertroffen von der Feierwut im «Dritten Reich«. Thematisch eingestreut blieb Horaz' unverwüstliches »dulce et decorum est pro patria mori«, das allein der Schüler Bertold Brecht zurückwies mit dem Risiko, schweren Schaden für seine Schulkarriere zu erfahren.

14 Der festliche Ort für diese unterrichtlichen Auszeiten war die Aula, ein prachtvoller Raum, der eine Aura bot für die einströmenden Botschaften und Erwartungen, welche in diesem Rahmen wirksam »zu Herzen gehen« sollten, nicht unähnlich einem kirchlichen Raum, geeignet für Momente von Einsegnung und Firmung im Profanen, alle in den »Kathedralen der Bildung« um 1900.

Erich Rubensohn und seine jüdischen Schulkameraden bewegten sich mental vor dem Hintergrund der evangelisch-lutherischen Elemente des Bildungshorizontes, der das preußische Schulwesen bestimmte. Die Verschmelzung des »fürchterlichen Charismas« von Bismarck und Luther war die Freisetzung eines Energiepotentials mit katastrophalen Folgen. Zwar hatte es nicht an zeitgenössischen Betrachtern gefehlt, denen die verhängnisvollen Auswirkungen bewusst waren und die nach Bismarck ein »böses Ende« kommen sahen. Aber es waren genau diese Schüler der 1880er Jahre in den höheren Schulen Preußens, diese Festteilnehmer in der Aula zu Kaisers Geburtstag und unter der Kanzel zu Luthers Geburtstag, die 30 Jahre später als Väter mit Freude und Stolz ihre Söhne in die Gräben und Granattrichter schicken sollten.

*Präparierten Dramen für dramatische Zeiten?* Sie trugen mehr zu ihrer Dramatik bei als sie die Zeiten zu ertragen halfen. Erich Rubensohn saß in seiner Schulzeit neben seinen Verfolgern und den Mördern seiner Glaubensbrüder, in diesen »Bildungsjahren einer Gewaltelite« zum Beispiel beim späteren Reichssicherheitshauptamt RSHA (*Michael Wildt,* Generation des Unbedingten). Die preußische höhere Schule produzierte eine Schein-Bildung, und mit Blick auf die vielseitig beschworene Humanität formte sie auch »die Gebildeten unter ihren Verächtern«[15].

Diese Schule sorgte für Kampfkraft an den Fronten: in den Gräben durch Freiwillige, in der Heimat durch soldatischen Geist im Zivilen. Auch Oberlehrer und Direktoren erfüllten ihren »Kampfauftrag«: mit Schillerschem Pathos, der Einforderung von Opfermut und der Glorifizierung der gefallenen Helden, alles weit vom Schuss mit Kreide vor der Tafel und der passenden Botschaft: »Land des Rechtes, Land des Lichtes, Land des Schwertes und

15 In Anlehnung an *Friedrich Schleiermacher*, Über die Religion: Reden an die Gebildeten unter ihren Verächtern, 1799.

Gedichtes« (Moritz von Strachwitz, 1848). Die Atemlosigkeit der Augusttage spiegelt sich in den Jahresberichten der Direktoren wieder, die freilich erst am Ende des Schuljahres im Frühjahr 1915 niedergeschrieben wurden, als es ihnen bereits die Sprache verschlagen haben sollte angesichts der Gefallenenlisten und der inzwischen desolaten Lage der Dinge, die eigentlich schon nach der Marneschlacht im September 1914 erkennbar war.

Inzwischen blieb auch das Horaz-Wort nicht alleinstehend und wurde begleitet von mehr und mehr Themen »zum schönen Sterben«: »Will, ruf' ich aus, das Schicksal mit uns enden, so stirbt sich's schön, die Waffen in den Händen« (Schiller).[16] Zusammenfassend galt die Formel: Der Krieg lehrt, was Schiller uns schon immer gelehrt hat.

---

16 Das (nicht selbst gewählte) Thema im Notabitur von Kurt Schumacher (später Vorsitzender der Sozialdemokratischen Partei Deutschlands, SPD) am Gymnasium zu Culm, August 1914. Nach *Volker Schober*, Der junge Kurt Schumacher, 1895–1933, Bonn 2000, 77f. – Andere Aufsatzthemen zum »schönen Sterben«: Unser Leben gehört dem Höchsten, es gehört uns selbst, es gehört aber auch dem Vaterlande. – Das letzte Heil, das höchste, liegt im Schwerte. – Welche Güter haben wir Deutschen mit dem Schwerte zu verteidigen? – Der Krieg ist schrecklich wie des Himmels Plagen, doch er ist gut, ist ein Geschick wie sie (Schiller, Wallenstein).

## Der Weg in den Ersten Weltkrieg für das »Land des Rechtes, Land des Lichtes, Land des Schwertes und Gedichtes«

Erich Rubensohn stand als Oberprimaner und Teilnehmer der Reifeprüfung im Spätsommer 1914 genau an der Schwelle zur »Urkatastrophe des 20. Jahrhunderts« wie zahllose seiner Schulkameraden und anschließend auch Kriegskameraden. Die Feiern zum 50-jährigen Bestehen des Gymnasiums mussten verschoben werden, denn die aktuelle Lage ließ das nicht zu. »Auf ein einziges Fest nur ist unser aller Sinn gerichtet, auf das Fest des endgültigen Sieges über unsere Feinde und des ehrenvollen Friedens nach so viel Mühsal, Not und Tod.«[17] Der Jahresbericht weist nach, dass fast sämtliche Abiturienten sich als Kriegsfreiwillige gemeldet haben, darunter auch jüdische Schüler. Ganz ausführlich wird für jeden einzelnen vermerkt, wo genau er im Felde stand, bei welchem Regiment der Garde-Grenadiere oder Garde-Füsiliere und welche ersten Besonderheiten es zu berichten gab.

---

17 *Sophien-Gymnasium*, Jahresbericht 1914/15, wie Anm. 9; 12. Der Schulleiter zur Chronik der Anstalt, die im Frühjahr 1915 bereits einiges vom Kriegsverlauf vermitteln konnte: »Am 9. September fiel wegen des Falls von Maubeuge der Unterricht aus. Bei dieser und den folgenden Siegesfeiern wurden die Schüler auf der Aula versammelt und nach einer Ansprache und einem gemeinsamen patriotischen Gesange entlassen. Am 17. November 1914 nach dem Sieg über die Russen schlossen wir unsere Feier mit einem dreifachen Hoch auf den Generaloberst von Hindenburg […] Am 27. Januar fand die Feier des Geburtstages unsres Kaisers statt. Herr Prof. Tatge ging in warmen Worten auf die Persönlichkeit unsres Kaisers ein, wie sie sich inmitten der Notlage des deutschen Volkes vor unsren Augen vorbildlich darstellt […] Am 12. und 17. Februar wurden die Siege über die Russen jenseits der masurischen Seen festlich begangen […] Am 2. März überschritt die Goldsammlung unsrer Schüler 20 000 M. Daraufhin wurde ein freier Schultag bewilligt, den viele zum weiteren Goldsammeln benutzten.« Es wurden schließlich 43 000 M. in Gold. Gesammelt wurde im Übrigen alles irgendwie Brauchbare: Schrott, Papier, Kirschkerne (bergeweise), Schuhwerk, Tabak, Wollsachen (Reichswollwoche).

**Abb. 2** Schulkompagnien üben Handgranatenwerfen
**Abb. 3** Schulkompagnien üben Bewegung im Feld

Auch am Sophien-Gymnasium von Erich Rubensohn versäumte man nicht eine praktische Vorbereitung auf das Sterben: »Wie an den meisten anderen Gymnasien in Berlin wurde auch an unserer Schule am 1. Oktober 1915 [woanders schon seit längerem, der Verf.] eine Jugend-Kompagnie zur militärischen Vorbereitung errichtet. Sie erhielt die Nummer 117 und steht unter der Aufsicht des Königl. Generalkommissariats für diesen Zweck. Der militärische Vertrauensmann ist Herr Generalmajor v. Spalding, welcher am 13. Dezember 1914 bei einem Generalappell die Kompagnie begrüßte [...] Wenn auch von einer gleichmäßigen Ausrüstung der Schüler abgesehen werden mußte, so versahen sich doch viele mit Feldmütze, Mantel, Rucksack und Spaten. Zur Markierung von Gruppen und Zügen wurden rote und gelbe Fahnen hergestellt. Im Februar 1915 wurde daneben noch aus den jüngeren Schülern der beiden Obertertien eine Vorkompagnie gebildet.«[18] Der Zweck der Übungen war im Wesentlichen die körperliche Ertüchtigung, freilich im Rahmen militärischer Vorübungen: feldgerechtes Verhalten, Übungsmärsche von längerer Dauer, Aushub von Schützengräben, Schätzen von Entfernungen und Bewertung von Geländeverhältnissen, Horchübungen, Benutzung von Karten; alles noch ohne Verwendung von Waffen.

Auf die Übergangssituation vom Schulleben zum Krieg war man also bestens vorbereitet, des Friedens überdrüssig und in der Aufgeregtheit zumindest für eine Zeit lang einig mit den geistigen und kulturellen Größen des Landes. Dass man umfassend und flächendeckend begeistert gewesen wäre, wird heute nicht mehr so gesehen. Die Schulen allerdings entleerten sich in die Gräben, sehr zur Begeisterung der Schulleiter und Lehrkräfte, und viele beeilten

18 *Sophien-Gymnasium*, Jahresbericht 1914/15, wie Anm. 9; 12, 17. Diese Bildungsanstalt war »spät dran«, so dass Erich Rubensohn einer militärischen Vorbereitung als Jugendlicher und Schüler nicht mehr teilhaftig wurde.

**Abb. 4** Gymnasiasten sammeln Altmaterial zur Minderung der Notlage

sich, nicht zu spät zu kommen, wenn es Ruhm und Ehre zu erwerben galt.[19] 17- und 18-Jährige reisten in den Kasernen herum um sich zu bewerben, immer begleitet von der Furcht, im Falle der Abweisung zu Hause, in der Nachbarschaft und auf dem Tanzboden der Ächtung ausgeliefert zu sein. Freilich hatte man die hübschen Wimpel der Garde-Ulanen vor Augen, nicht das Mündungsfeuer eines Maschinengewehrs. Dass eine völlig neue Art der Kriegsführung bevorstand, auf welche Weise unzählige Menschenleben in den Gräben ein würdeloses Leid erfahren sollten, dass niemand – namentlich unter den Mächtigen – in den nächsten vier Jahren

19 So auch der spätere »Führer und Reichskanzler«. Siehe auch *Adolf Hitler*, Mein Kampf, Zentralverlag der NSDAP, Frz. Eher Nachf.: München 1939, 415./416. Aufl., 177f.

**Abb. 5** Allgemeiner Jubel anlässlich der Mobilmachung

den Weg zu einem Ende finden würde, das konnte sich anfangs keiner vorstellen.[20]

An dieser Stelle muss nicht mehr ausführlicher über die Chronik der beginnenden Katastrophe berichtet werden: das Notprüfungswesen, die Siegesfeiern, die Todesanzeigen und Ehrentafeln in den Häusern (*Den Toten zur Ehre – den Lebenden zur Mahnung*), das Engagement von Schülerinnen und Schülern an der Heimatfront durch Sammlungen, Mitarbeit im Sanitätsbereich, Versendung von Liebesgaben an die Front und Hilfsdienste aller Art, den unendlichen Sprach-Kitsch: »Kein schön'rer Tod, als wer vorm Feind

20 *Rolf Hensel*, »… dass wir siegen werden, weil wir siegen müssen«. Die ersten Kriegswochen 1914 aus dem Blickwinkel der höheren Schulen Preußens, in: *Berlin in Geschichte und Gegenwart, Jahrbuch des Landesarchivs Berlin* 2014, 45–74.

**Abb. 6** Meldung zur Musterung, Kaserne General-Pape-Straße, Berlin

erschlagen«, die Katastrophe von Langemarck.[21] Die Anthologie »Menschheitsdämmerung. Symphonie jüngster Dichtung« von Kurt Pinthus ist das bleibende Forum der unter Schock stehenden Lyriker (Becher, Benn, Ehrenstein, Hasenclever, Heym, van Hoddis, Lasker-Schüler, Schickele, Trakl, Werfel u. a.), seit 1920 mit 34 Auflagen und einer Neuauflage im Rowohlt-Verlag 2019. – Das Jahr 2014 hat vielseitige Rückblicke auf diese Zeit geboten.

Erich Rubensohn reihte sich am 15. September 1915 in die Front der Tapferen ein. Er kämpfte – nach eigenen Angaben – in Polen, Galizien, Belgien, Flandern, im Elsass und in der Champagne, eine

21 Ebd., 71. Siehe auch *Erich Maria Remarque*, Im Westen nichts Neues; ein weiterhin unvergleichliches Szenario beim Blick auf diese Zeit.

in den Biographien von Überlebenden des Ersten Weltkriegs nicht selten zu findende »Rundreise« durch den Kontinent. Zur halben Zeit musste er – wahrscheinlich nicht zum ersten Mal – erleben, wie das gesellschaftliche Umfeld gegenüber dem Judentum eingestellt war, als sich die Militärführung am 1. November 1916 aufgefordert fühlte statistisch zu überprüfen, ob die jüdische Bevölkerung zahlenmäßig angemessen im Heere vertreten war oder ob es sich um einen Personenkreis von Drückebergern und vaterlandlosen Verweigerern handelte, der in Schreibstuben und in rückwärtiger Verwaltung das Schlimmste zu vermeiden verstehe.

Eine Addition von Motiven sorgte für eine »Nachweisung der beim Heere befindlichen wehrpflichtigen Juden« (sog. »Judenzählung«).[22] 1. Der Antisemitismus auch in der Kaiserzeit ließ eine solche Fragestellung aufsteigen. 2. Namentlich der Antisemitismus im Offizierswesen, dem Juden nur sehr selten angehörten, befeuerte das Projekt. 3. Der unbefriedigende Kriegsverlauf ließ nach einem Sündenbock suchen. 4. Die III. Oberste Heeresleitung OHL (Paul von Hindenburg und Erich Ludendorff) konnten ein bis dahin anscheinend »verborgenes« Reservoir von Kampfpersonal (»Menschenmaterial«, »Humankapital«) gut gebrauchen.

Die jüdischen Heeresangehörigen waren tief getroffen und in ihrer Ehre verletzt. Schon zu Kriegsbeginn war die jüdische Bevölkerung hoch motiviert gewesen, die deutsche und kaiserliche Lage zu unterstützen, die passenden Opfer zu bringen und damit zu beweisen, dass man dazu gehört. So waren es 100 000 jüdische Militärangehörige in Deutschland, 300 000 im Heer der österreich-ungarischen Doppelmonarchie. Man konnte die entehrende

22 *Hans-Ulrich Wehler*, Deutsche Gesellschaftsgeschichte. Bd. 4: Vom Beginn des Ersten Weltkriegs bis zur Gründung der beiden deutschen Staaten 1914–1949, München 2003, 129–134; *Heinrich August Winkler*, Der lange Weg nach Westen. Deutsche Geschichte 1806–1933, Bonn, div. Aufl., 344.

**Abb. 7** Abschied auf dem Bahnhof

Konfrontation nicht begreifen. Die Durchführung der Erhebung war von verfälschenden Vorgängen begleitet, brachte nicht das gewünschte Ergebnis und wurde zunächst nicht veröffentlicht, erst 1922. Von einer Absentierung und fehlender Kampf- und Opferbereitschaft konnte nicht die Rede sein, auch nicht von einer in Relation zur Bevölkerungszahl geringeren Kriegsbeteiligung als bei nichtjüdischen Soldaten.

Erich Rubensohn war der lebende Beweis für die Unrichtigkeit der Skepsis und Vorbehalte gegenüber dem jüdischen Soldatentum. Nach seiner langjährigen Soldatenzeit erfuhr er am 15. Juli 1918 eine schwere Verwundung durch Granatbeschuss: Er verlor ein Bein. Behalten hat der Frontsoldat: Eisernes Kreuz, Verwundetenabzeichen und am 9. November 1934 das Ehrenkreuz für Frontkämpfer, verliehen durch den »Führer und Reichskanzler«. Fünf Vettern waren »auf dem Feld der Ehre« gefallen, ein Bruder des Vaters kriegsbedingt verstorben. Einen Eindruck von der verletzten Ehre dieses jüdischen Soldaten wird noch einmal sein Gesuch an den »Führer und Reichskanzler« vermitteln.[23] Eine Verbindung Rubensohns zu dem 1919 gegründeten Reichsbund jüdischer Frontsoldaten RjF ist nicht bekannt.

Erich Rubensohn war Zeuge und Opfer des letzten Versuchs der III. OHL und Ludendorffs geworden, nach wiederholten ergebnislosen Offensiven im Frühjahr 1918 doch noch einen Siegfrieden zu erreichen, unter anderem bewegt durch den Ost-Frieden von Brest-Litowsk, aber ohne die frei werdenden Ressourcen wirklich zu nutzen, was Sebastian Haffner zu den letzten großen Fehlern des Deutschen Reiches im Ersten Weltkrieg rechnet. Mit größter Wucht war der Krieg im Westen also an seinen Anfangspunkt zurückgekehrt, nach dem Herbst 1914 zum zweiten Mal an die Marne. Das erschöpfte und aus vielen Gründen in seinem Inneren zerfallende Heer des Deutschen Reiches konnte auch diese letzte Offensive vom

23 Angaben nach *E. Rubensohn*, Gesuch, wie Anm. 1; *Jacob Rosenthal*, Die Ehre des jüdischen Soldaten. Die Judenzählung im Ersten Weltkrieg und ihre Folgen, Frankfurt am Main/New York 2007. Siehe auch *Sabine Hank/Uwe Hank/Hermann Simon*, Feldrabbiner in den deutschen Streitkräften des Ersten Weltkrieges, Berlin 2013.

**Abb. 8** Ring der Erinnerung, Anneau de la Mémoire
Gefallenenmahnmal Notre-Dame-de-Lorette in Ablain-Saint-Nazaire

15. Juli bei Perthes in der Champagne nicht erfolgreich zu Ende bringen, und nach der sofortigen Gegenoffensive vom 18. Juli 1918 ausgehend von Villers-Cotterêts war für Deutschland ein Sieg nicht mehr möglich.

Herfried Münkler lässt einen Kriegsteilnehmer mit Blick auf den 15. Juli kommentieren: »Ich verstehe nicht, wie die Franzosen *das* fertiggebracht haben: Unsere Offensive vom 15. Juli zum Scheitern zu bringen und dann mit einem solchen Aufgebot an Truppen und Material vollkommen unbemerkt einen Riesenangriff vorzubereiten und durchzuführen.«[24] Der Gegner war demnach in den vier Jahren an Erfahrung, Mentalität, Menge und Qualität der Materialausstattung gewachsen. Der Krieg war verloren. – Rubensohn erlitt mit seinen Kameraden also im letzten Moment noch sein persönliches Unglück, nach langen Jahren des Soldatenlebens. Seit 2014 konfrontiert eines der größten Kriegerdenkmäler der Welt – Notre-Dame-

---

24 *Herfried Münkler*, Der Große Krieg. Die Welt von 1914 bis 1918, Berlin ⁷2013, 710; *Sebastian Haffner*, Die sieben Todsünden des Deutschen Reiches im Ersten Weltkrieg, Köln 2014, 101.

de-Lorette – den Besucher mit dem Schicksal von 580 000 namentlich genannten Opfern der Ereignisse in dieser Region. An zahllosen Orten über das Land verteilt gedenken Städte und Gemeinden in aufwendiger oder schlichter Form der Opfer vieler Schlachten seit den Napoleonkriegen (»Mit Gott für König und Vaterland«) bis zu dieser Urkatastrophe des 20. Jahrhunderts.

Wenngleich »das Fieber vom August 1914« heute nicht mehr als allseitig und allerorten wahrgenommen und in den Narrativen transportiert wird und auch bei den ernst zu nehmenden Intellektuellen nur ein Strohfeuer gewesen war, sorgten gewisse Kreise des Bildungsbürgertums doch für eine böse Ausstrahlung. In ihr vermischten sich das Gefühl von Höherwertigkeit mit Unterwürfigkeit zu einem gefährlichen Nebel, in dem Menschenwürde und ihre Belange unsichtbar blieben und der angeblich staatstragenden Rolle – also der Existenzgrundlage des Bildungsbürgertums – alles geopfert wurde: der Feind ebenso wie der Nachbar, die eigenen Kinder und die eigene Person, alles Geld und auf Dauer durch die Marginalisierung auch der eigene Stand. Kriegsziele zerbröckelten rasch im Angesicht des unvorstellbaren Leides und der immensen materiellen und immateriellen Kosten.[25] Gelernt hatte man vorerst nichts daraus. Die Deutschen fuhren fort, für sich die Gefolgschaft eines würdigen Herrn oder »Führers« zu wollen und gegen alle Widersprüche zu verteidigen. Zwei große Kriege verfolgten auch das Ziel, die Vorstellung einer beglückenden Beziehung von Herrschaft und Gefolgschaft zu bewahren: Je würdiger der Herr, um so ehren- und wertvoller die Gefolgschaft.

---

25 *Eric John Ernest Hobsbawm*, Das Zeitalter der Extreme. Weltgeschichte des 20. Jahrhunderts, München $^{8}$2007, Neuauflage 2019; *Enzo Traverso*, Im Bann der Gewalt. Der europäische Bürgerkrieg 1914–1945, München 2008; *Ernst Piper*, Nacht über Europa. Kulturgeschichte des Ersten Weltkriegs, Bonn 2014; *Christopher Clark*, Von Zeit und Macht. Herrschaft und Geschichtsbild vom Großen Kurfürsten bis zu den Nationalsozialisten, München 2020.

**Abb. 9** Gefallenendenkmal in Berlin-Friedenau, seit 1923,
erstes Denkmal dieser Art in Berlin,
ehem. Maybachplatz, heute Perelsplatz

## Qualifizierung, Berufseintritt, Schiller-Realgymnasium

Erich Rubensohn erwarb seine Qualifizierung für das höhere Lehramt. Er studierte an der Berliner Friedrich-Wilhelms-Universität (heute Humboldt-Universität) Germanistik und Romanistik bei Gustav Roethe, Andreas Heusler, Hermann Schneider und Julius Petersen. Im Mai 1926 bestand er die Wissenschaftliche Prüfung. Er trat in den höheren Schuldienst in Berlin ein.[26] Seit dem 2. Juni 1926 hatte Rubensohn Beamtenstatus; im September 1927 bestand er die Pädagogische Prüfung für das Lehramt an höheren Schulen. Mit dem 1. Oktober 1927 wurde der junge Lehrer Studienassessor und kam Ostern 1928 auf die Anwärterliste für die preußischen Studienassessoren. Die – wie bei diesem Personenkreis zu dieser Zeit durchaus üblich – häufig wechselnden Dienstorte ließen ihn kreuz und quer durch Berlin reisen.[27] Für ein Jahr kam er in Frankreich zum Einsatz. Aber am 1. Oktober 1930 wurde er im Schiller-Realgymnasium in Berlin-Charlottenburg eingesetzt, und zwar als Nachfolger eines Studienrats, der vom Disziplinargericht aus dem Dienst entfernt worden war: Dr. Hans Meinshausen.

Am Ende des Schuljahres 1930/31 vermerkte der Schulleiter des Schiller-Realgymnasiums im Jahresbericht: »Durch die Eröffnung eines Disziplinarverfahrens gegen den Studienrat Dr. Meinshausen wurde eine längere Vertretung nötig, die zunächst der Studien-

26 Angaben nach *E. Rubensohn*, Gesuch, wie Anm. 1, auch Personalkartei, Archiv der BBF/DIPF.

27 So verbrachte er von Mai 1926 – Ostern 1927 an der Oskar Cassel-Realschule, von Oktober 1927 – September 1930 an der Leibniz-Oberrealschule, von Herbst 1930 – Herbst 1931 am Schiller-Realgymnasium, von Herbst 1931 – Herbst 1932 am Lycée Henri Wallon in Valenciennes, von Januar 1933 – Ostern 1933 am Realgymnasium Lichtenberg, von Januar 1933 – Ostern 1933 an der Albrecht-Dürer-Oberrealschule, von August 1933 – Herbst 1933 an der Körnerschule, von Herbst – 1933 bis Juni 1934 an der Richard-Wagner-Schule und von Herbst 1934 – Herbst 1935 am Friedrich-Wilhelms-Gymnasium.

Referendar Drinkuth (9. Sept. – 30. Sept.), dann der Studienassessor Rubensohn übernahm (ab 1.10.30); das Verfahren war bis Ostern 1931 noch nicht abgeschlossen.« An den Litfaßsäulen hatte man Ankündigungen mit seinem Namen als Redner für die NSDAP lesen können. Auch für die Reichstagswahlen im September 1930 wurden in Berlin-Lichterfelde Plakate geklebt, auf denen ein Redner als »Studienrat Dr. Meinshausen« angekündigt war, auch in der Umgebung der Zehlendorfer Straße (heute Finckensteinallee), wo unter anderem die Büros und Dienstwohnungen des Provinzialschulkollegiums PSK untergebracht waren, Dienstsitz der Oberschulräte für das Berliner und Brandenburger Schulwesen.[28]

*Man ging der Sache nach.* Bei Meinshausen und der Schulleitung wurde nachgefragt und es bestätigte sich, dass es sich um die Betätigung für eine politische Partei mit staatsfeindlichem Charakter handelte, die möglicherweise umstürzlerisch war. Das war nach dem preußischen Beamtenrecht verboten und wurde verfolgt. Ein förmliches Dienststrafverfahren wurde eröffnet. Stolz zitiert die Biographie von 1934 den Beschluss des PSK Lichterfelde vom 25. August 1930: »Gegen den Studienrat am städtischen Schiller-Realgymnasium in Berlin-Charlottenburg, Dr. Johann Meinshausen, wird gemäß Anordnung des Herrn Ministers für Wissenschaft, Kunst und Volksbildung auf Grund der §§ 2 und 23 des Gesetzes, betreffend die Dienstvergehen der nicht-richterlichen Beamten, vom 21. Juli 1852 das förmliche Dienststrafverfahren mit dem Ziele der Entfernung aus dem Amte eröffnet. Er wird beschuldigt, die Pflichten,

28 Die Räumlichkeiten der ehemaligen Hauptkadettenanstalt von 1878 in der Zehlendorfer Straße wurden 1918 von ihrem Zweck befreit, beherbergten zu Anfang der zwanziger Jahre das gescheiterte realgymnasiale Experiment von Fritz Karsen und dann das Provinzialschulkollegium. Später siedelte sich an diesem Ort raumgreifend die »SS-Leibstandarte Adolf Hitler« an. Nach der Nutzung der relativ gut erhaltenen Baulichkeiten durch die US-Army für die Andrews Barracks handelt es sich heute bei der Adresse Finckensteinallee 63 um den Sitz des Bundesarchivs, Zweigstelle Berlin.

die ihm sein Amt auferlegt, dadurch verletzt zu haben, daß er sich wiederholt – und zwar auch nach Bekanntgabe des Staatsministerialbeschlusses vom 25. Juni 1930 – für die Nationalsozialistische Deutsche Arbeiterpartei, deren Ziel der gewaltsame Umsturz der bestehenden Staatsordnung ist, betätigt hat. Gleichzeitig wird hierdurch gemäß § 50 a.a.O. die vorläufige Enthebung vom Amte verfügt. Der Präsident des Provinzialschulkollegiums«[29]

Auch der jüdische Schüler Jizchak Schwersenz besuchte diese Anstalt von 1925 bis 1933 und war im Schuljahr 1926/27 in der von Dr. Meinshausen geleiteten Schulklasse. Wir hören: »Unter unseren Lehrern wurden die Nazis immer mehr. Über manchen denke ich noch heute nach. Da war zum Beispiel mein Geschichtslehrer und Klassenlehrer aus den ersten Jahren am Schiller-Gymnasium, Dr. Hans Meinshausen. Ich mochte ihn, denn er verhielt sich mir gegenüber immer korrekt und verständnisvoll. Aber im Unterricht – im Geschichtsunterricht! – predigte er offen gegen die Republik und gründete eine der ersten Nazi-Schülergruppen an unserer Schule. Meinshausen wurde zwar 1930 noch vom Schuldienst suspendiert, doch kurze Zeit später machte er Karriere bei den Nazis, und 1934 war er Stadtschulrat von Berlin.«[30]

Der jüdische Studienassessor Erich Rubensohn war dem Schüler Jizchak Schwersenz – sollte man meinen – durchaus willkom-

---

29 *Helmuth Fechner*, Dr. Meinshausen. Stadtschulrat von Berlin, Berlin: Verlag nationalsozialistische Erziehung 1934, Verkaufspreis 1 Reichsmark, 43; Bundesarchiv Berlin NS 26 Nr. 1361 b, Bl. 3f.

30 *Jizchak Schwersenz*, Zwischen Heimat und Exil. Ein jüdischer Lehrer erzählt Geschichte, Berlin 1995; *ders.*, Die versteckte Gruppe. Ein jüdischer Lehrer erinnert sich an Deutschland, Berlin [4]2000, 20; *Lutz van Dick*, Oppositionelles Lehrerverhalten 1933–1945. Biographische Berichte über den aufrechten Gang von Lehrerinnen und Lehrern, Weinheim/München 1988, 117; *Christine Zahn*, »Nicht mitgehen, sondern weggehen!« Chug Chaluzi – eine jüdische Jugendgruppe im Untergrund, in: *Wilfried Löhken/Werner Vathke* (Hg.), Juden im Widerstand. Drei Gruppen zwischen Überlebenskampf und politischer Aktion Berlin 1933–1945, Berlin 1993, 159–205.

men.[31] Der Studienrat wurde am 27. August suspendiert und erhielt ab 1. September die Hälfte seiner Bezüge. Freilich: Als ehrenvoll galt das »schlimme Schicksal« im Rahmen seiner Partei allemal. Die Strafen und Verurteilungen wurden selbstverständlich als Heldentaten gewürdigt und zur Ehre angerechnet. *Die Zwiesprache*, das Organ für die Organisations-, Propaganda- und Betriebszellenarbeit des Gaues Berlin (nur für den Parteiverkehr) würdigte unter der Überschrift »Unsere Parlamentarier« solcherart ausgezeichnete Parteimitglieder: unter anderen die Pgg. Arthur Görlitzer (nach Meinshausen ab 13.3.1933 Stellvertretender Gauleiter), Julius Lippert (»Geld- und Gefängnisstrafen ehren ihn, den Schriftleiter des ‚Angriff', in gleichem Maße wie seine Kriegsauszeichnungen«), Martin Löpelmann (später Ministerialdirigent), Hans Meinshausen und Otto Zander (später Abteilungsleiter).

Auch Bernhard Rust (Reichsminister) und Hans Schemm (NSLB-Reichsleitung) gehörten zu diesem Personenkreis. Allerdings: Die Angelegenheit wird im Frühjahr 1933 neu verhandelt und die Urteile (auch des PSK) durch den Dienststrafhof rückgängig gemacht. Die Suspendierung der »frühen Helden« folgte stets dem Gedanken, dass der Tonfall gegenüber Institutionen der Weimarer Verfassung zwar etwas grob gewesen sei, es sich aber um »wertvolles Gedankengut handelte zur Vorbereitung des deutschen Menschen auf die bereits damals im

31 Jizchak Schwersenz (30.5.1914 – 31.5.2005) war Sohn jüdischer Kaufleute und wirkte schon früh in jüdischen Gruppen, was ihm Kraft zur Selbstbehauptung in feindlicher Umgebung gab. Er wurde jüdischer Religionslehrer und Volksschullehrer. Seit 1938 Mitarbeit in der Jugend-Alija, die jüdische Kinder auf ein Leben in Palästina vorbereitete; 1939 bis 1941 Leiter dieser Organisation in Berlin; ab August 1942 für 17 Monate im Untergrund in Berlin; 1943 in einer Widerstandsgruppe Jugendlicher; 1944 Flucht in die Schweiz, Studium in Zürich; 1953 in Israel, Arbeit als Lehrer, 1994 Ehrendoktor der Universität Hamburg.

**Abb. 10** Einweihung des Gauhauses der NSDAP Berlin am 1. Oktober 1932, Voßstraße 11. Von links: Hans Meinshausen, Karl Ernst, Albert Speer, Graf Helldorf, Joseph Goebbels, Karl Hanke

Werden begriffene, inzwischen zum Siege gelangte nationale Erneuerung«[32].

Schon Ende September folgte die Parteikarriere als Gaugeschäftsführer und ab 1. November 1930 als Stellvertretender Gauleiter nach Joseph Goebbels. Der vom Öffentlichen Dienst und vom Schulunterricht freie Meinshausen begab sich in die Kreuzberger Hedemannstraße 10, wo mehrere Einrichtungen der Partei

32 In einem Einzelfall: BArchivBerlin R 4901 Nr. 3390, Bl. 123. – *Rolf Hensel*, Stufen zum Schafott. Der Berliner Stadtschulrat und Oberbürgermeister von Görlitz: Hans Meinshausen, Berlin 2012.

versammelt waren und nahm seine Arbeit für die NSDAP auf.[33] Dass gerade Goebbels, der im Begriff war, Berlin zu erobern, eine Entlastung brauchte, ist augenfällig, auch wenn die Mitgliederzahl erst etwa 1 000 betrug. Aber genau das sollte sich ja ändern. Dr. Hans Meinshausen fungierte als Organisationsleiter, Dr. Martin Löpelmann als Politischer Leiter. Am 13. März wurde Meinshausen Staatskommissar zur Wahrnehmung der Geschäfte des Stadtschulrats: nach dem Hinauswurf als Studienrat eine spektakuläre Rückkehr durch die Vordertür.

Dem Mann fehlte vielleicht Charme, auf jeden Fall Fortune. Goebbels mochte ihn nicht mehr haben, wie viele andere ebenso nicht. Von 1940 bis 1943 war er noch an der Ostfront. Dann sollte er aus dem Dunstkreis des Reichspropagandaministers endgültig verschwinden. Der allgemeine Untergang ereilte ihn in den letzten Stunden des Zweiten Weltkriegs als Oberbürgermeister in Görlitz an der Neiße.

33 Die Gauleitung war am 1.5.1930 von der Berliner Straße 77 in Charlottenburg in die Hedemannstraße 10 umgezogen. Dieser Adresse wurde auch das »Angriff-Haus« genannt wegen der Geschäftsräume dieses Blattes. Am 1.10.1932 folgte dann der Umzug in das Adolf-Hitler-Haus in der Voßstr. 11. In der Hedemannstraße im Terrain der Berliner Friedrichstadt waren etliche NS-Organisationen versammelt: in Nr. 12–14 z. B. das Rasse- und Siedlungshauptamt der SS. – *Julek K. von Engelbrechten/Karl Volz*, Wir wandern durch das nationalsozialistische Berlin. Ein Führer durch die Gedenkstätten des Kampfes um die Reichshauptstadt, München 1937, Nachdruck Dresden 2007; *Julek K. von Engelbrechten*, Eine braune Armee entsteht. Die Geschichte der Berlin-Brandenburger SA, München/Berlin 1937.

## Dr. Gerti Will

Im Jahr 1932 haben Erich Rubensohn und Gerti Will geheiratet. – Gerti wurde geboren am 13. Oktober 1902 in Neustettin (heute Szczecinek), in der Preußischenstraße 4, als Tochter des Arztes Dr. med. Benno Will und seiner Frau Rosa, geb. Conrad, beide »mosaischer« Religion. Über das Leben dieser Familie ist nicht viel bekannt. Ähnlich den Rubensohns verblieben sie nicht lange in der Preußischen Provinz, in diesem Fall in Hinterpommern. Auch diese Familie wanderte 1908 in Richtung Reichshauptstadt, wo sie sich in N 58, Kopenhagener Straße 16 niederließ. Dort führte Dr. Benno Will eine Praxis als praktischer Arzt über lange Zeit bis in die Mitte der dreißiger Jahre.

Die Schülerin Gerti besuchte als höhere Schule ein Haus aus dem Sophienkomplex in der Weinmeisterstraße, wo neben dem Sophiengymnasium für Jungen, das Erich Rubensohn besucht hatte, einige höhere Mädchenschulen ihren Platz hatten: die Sophienschule, das Sophienlyzeum und die 2. Städtische Studienanstalt, an der sie das Abiturium erwarb.[34] Damit war sie in Berlin-Mitte glücklich verortet, denn in Hinterpommern hätte man an der Fürstlich-Hedwigschen-Schule in Neustettin als Mädchen erst 1926 das Gymnasium besuchen können. Der »Überblick über die allgemeinen inneren Zustände« des Schulleiters zu der Zeit, als allmählich wieder die Jahresberichte begannen, weist keine Schülernamen aus. Durch Unterlagen zum Studium kennen wir das Abiturdatum: 26. September 1922. Wir erfahren, dass diese Standorte in der Weinmeisterstraße 16/17 zu Anfang der zwanziger Jahre auch ein Anziehungspunkt für jüdische Schülerinnen waren, mit rund einem Drittel der Gesamtzahl von rund

34 Aus der Dissertation 1929, kurzer Lebenslauf, Archiv der Humboldt-Universität Berlin, siehe unten. Mit der Studienanstalt, mit dreizehn Klassen und 19 Jahren war der Zugang zur Universität verbunden; das Lyzeum war allgemeine Frauenschule und Lehrerinnenbildung.

850 »Kindern«, wie der Schulleiter schreibt. Der Lehrplan für jüdischen Religionsunterricht wurde ebenso ausführlich mitgeteilt wie für den evangelischen. Der deutsche Aufsatz war nicht mehr allein durch Goethe und Schiller geprägt, sondern persönlicher (ein freies Thema, die Studienfahrt, der Lebenslauf) oder allgemeiner orientiert (»Das mag in der Theorie richtig sein, paßt aber nicht für die Praxis«) und häufig philosophisch-ethisch: »Wer nicht geschunden wird, wird nicht erzogen.« Hier mischen sich klassische und reformpädagogische Ansätze.[35]

*Zum Faust.* Viele bekannte Dramen begegnen bei der Durchsicht der Aufsatzthemen, nicht aber eines: Goethes *Faust* von 1808. Darin spiegelt sich die im neunzehnten Jahrhundert lange Zeit gestörte Beziehung zu Werk und Dichter. Ein Mensch mit seinem persönlichen Wollen und Werten und der Freiheit, die er dazu bedarf, war nicht erwünscht, schon gar nicht Akzeptanz und Toleranz, wenn »er irrt, so lang er strebt« (Prolog im Himmel). Der philologisch-historische Hochmut im protestantisch-preußischen Kontrollsystem für intellektuelle Zulässigkeit sorgte lange dafür, dass »dieser Gesellschafter und Fürstendiener aus Weimar« (in kritischer Sicht auf Goethe von Schiller bis zum Vormärz) für eine Weile höchstens in intellektuellen Inseln offene Türen fand, etwa im Berliner Salon von Rahel Varnhagen (1771–1833): jüdisch, fraulich, berlinisch.[36] Im protestantischen Preußen waren Mephistos Frechheiten nicht ohne

35 »Klassisch«, in Oberprima: »Es ist vorteilhaft, den Genius bewirten; gibst du ihm ein Gastgeschenk, so läßt er dir ein schöneres zurück. Die Stätte, die ein guter Mensch betrat, ist eingeweiht; nach hundert Jahren klingt sein Wort und seine Tat dem Enkel wieder.« (Goethe, Torquato Tasso).

36 *Hannah Arendt*, Rahel Varnhagen. Lebensgeschichte einer deutschen Jüdin aus der Romantik, München, Zürich 2005, div. Aufl., 228: «Angewachsen ist Rahel das Judentum wie dem Lahmen sein zu kurzes Bein. Ein Charakterfehler oder ein Charaktervorzug, z. B. im Salon, in der kurzen Zeit, als Juden wegen ihrer natürlichen Vorurteilslosigkeit so viel galten."

Weiteres tolerierbar. Das mochte noch angehen zu Fausten: »Bist du beschränkt, dass neues Wort dich stört, willst du nur hören, was du schon gehört«, nicht aber mit Blick auf die Gegenwart Gottes: »Von Zeit zu Zeit seh' ich den Alten gern und hüte mich, mit ihm zu brechen. Es ist gar hübsch von einem großen Herrn, so menschlich mit dem Teufel selbst zu sprechen« (Prolog im Himmel).

*Das Fach Chemie.* Nach der Reifeprüfung nahm Gerti Will an der Berliner Universität das Studium der Chemie in Angriff, eine durchaus bemerkenswerte Entscheidung, wenngleich schon seit den zehner Jahren immer mehr Frauen die Universitäten besuchten und promovierten. Für die Chemie stehen vor Augen: Marie Curie als sehr frühe Berühmtheit, Clara Immerwahr als Gemahlin von Fritz Haber,[37] Maria Bakunin, Erika Cremer, Ida Noddack und andere. Es ereignete sich eine lebendige Dynamik in der Rolle der Frauen auf dem Gebiet von Wissen, Können, Forschen, Lehren; immer begleitet von Kontroversen mit Institutionen und einzelnen Professoren in der Front der männlichen Gegnerschaft und den Strapazen auf der Seite der für ihre Entwicklung kämpfenden Frauen.[38]

Eine besondere Lage zeigte sich für die jüdischen intellektuellen Frauen. Wiederum auf der Basis der Wichtigkeit von Bildung – zu jederzeit und für alle Facetten des Lebens – waren es jüdische Studentinnen und Absolventinnen, die einen mehr als erwartbaren Teil

---

37 Diese promovierte Chemikerin aus Breslau erschoss sich 1915 mit der Dienstpistole ihres Mannes (Probeschuss, Todesschuss) im Protest gegen dessen Giftgas-Forschung (Phosgen, Gelbkreuz, Blaukreuz, Grünkreuz) und den Einsatz dieser Waffe an den Fronten des Ersten Weltkriegs. Angesichts des Nobelpreises von 1919 an Fritz Haber für die Entwicklung der Ammoniaksynthese (Haber-Bosch-Verfahren) waren England und Frankreich keineswegs begeistert.

38 *Luise Hirsch,* Vom Schtetl in den Hörsaal. Jüdische Frauen und Kulturtransfer, Berlin 2010. – Auf die Rolle der großen Zahl russischer jüdischer Studentinnen an der Berliner Universität kann hier nicht ausführlicher eingegangen werden.

der Population bildeten, etwa ein Viertel bis ein Drittel.[39] Waren es die nichtjüdischen Frauen, die vor allem Ärztinnen und Gymnasiallehrerinnen werden wollten und die philologischen und geschichtswissenschaftlichen Fächer präferierten, bevorzugten die jüdischen Karrieristinnen die »nützlichen« naturwissenschaftlichen Fächer, an erster Stelle das Fach Chemie. Jura blieb ihnen ohnehin verwehrt, und für das Gymnasium galt: »Die jüdischen Damen wissen, dass sie auf Anstellung nicht zu rechnen haben.«[40] Gleichwohl bildeten sie die Avantgarde des Frauenstudiums und stellten die Mehrheit der Habilitandinnen in den zwanziger Jahren. Ein bemerkenswert starkes Gewicht hatte an der Berliner Friedrich-Wilhelms-Universität das Fach Chemie.

Gerti Will studierte auch in Heidelberg und Lausanne, und nach dem Abschluss des Chemiestudiums an der Berliner Universität im Jahr 1927 wurde die Arbeit an einer Dissertation aufgenommen und 1928 zusammen mit Hans Pringsheim publiziert.[41] Am 19. September 1928 trat die Cand. phil. Gerti Will hervor, um »Euer Spektabilität [...] die Bitte auszusprechen, meine Meldung zum Doktor-Examen gefälligst anzunehmen«[42]. Der Tag der Promotion war der 5. März 1929, die Examinatoren die Professoren Schlenk und Bodenstein, der Titel für die Chemikerin ein Dr. phil., weil es spätere Titel wie etwa »rer.nat.« und andere zu dieser Zeit noch nicht gab.[43]

---

39 Ebd., 206.

40 Ebd.

41 *Hans Pringsheim/Gerti Will*, Über die Konstitution des Glykogens. Beiträge zur Chemie der Stärke XXI, in: *Berichte der deutschen chemischen Gesellschaft*, 19. September 1928, Vol. 61 (8), 2011–2017.

42 Archiv der Humboldt-Universität Berlin, Matrikelnummer 5127/113, Promotionsakte HU/UA Phil. Fak. 01:682.

43 Das Prädikat der Dissertation war »idoneum« und der mündlichen Prüfung »cum laude«. Prof. Schlenk vermerkt, dass in der Dissertation »einiges sehr Wichtiges ungeklärt« bleibt, die Arbeit aber doch das Prädikat »idoneum« verdient. Ebd.

Hans Pringsheim (1876–1940), Professor für Zuckerchemie an der Universität Berlin, gehörte zu der bekannten weitverzweigten deutsch-jüdischen Familie Pringsheim aus Schlesien, aus der einer breiteren Öffentlichkeit besonders Katharina »Katja« Pringsheim (1883–1980) bekannt ist, die Enkelin der Frauenrechtlerin Hedwig Dohm (1831–1919) und Tochter von Hedwig und Alfred Pringsheim. Seit 1905 verheiratet mit Thomas Mann hatte sie die sechs Kinder Erica, Klaus, Golo, Monika, Elisabeth und Michael.[44]

*Gleichschaltung und Arisierung.* Gerti Will fand Aufnahme im Redaktionsteam des berühmten »Beilstein«, dem bis heute weltweit bedeutenden Handbuch der Organischen Chemie. Sie gehörte nachweislich zum Redaktionsstab für den Band 17 von 1934, publiziert durch den Berliner Julius Springer Verlag. Ihr Arbeitsplatz war das Hofmannhaus in der Sigismundstraße 4.[45] In dieser Zeit aber geriet sie in den Strudel der nationalsozialistischen Rassevorstellungen mit den durch diese begründeten Verfolgungen und Ausgrenzungen jüdischer Menschen, insbesondere auf Grund des *Gesetzes zur Wiederherstellung des Berufsbeamtentums* vom 7. April 1933 und dessen Ergänzungen mit Blick auch auf Personen in Unternehmen und Verbänden.[46] Auch beim Redaktionsstab dieses bedeutenden Standardwerks vollzogen sich die Prozesse von

44 *Michael Engel*, Prof. Dr. Hans Pringsheim. Ein vergessener Biochemiker, Berlin 2002.

45 Beim Hofmannhaus handelte es sich um die Verbandszentrale der Deutschen Chemischen Gesellschaft, benannt nach deren Gründer August Wilhelm von Hofmann (1818–1892), einem bedeutenden Chemiker nicht allein auf dem Gebiet der Anilin-Forschung. Dieses Gebäude existiert heute nicht mehr.

46 Durch die Zweite Verordnung zur Durchführung des Berufsbeamtengesetzes im Mai 1933 kam es zur Verschärfung gegenüber jüdischen Beschäftigten auch in Institutionen und Verbänden.

(Selbst-)Gleichschaltung und Arisierung.[47] Es kam zur Entlassung von Führungskräften (namentlich Bernhard Prager) und Mitarbeitern, auch von Dr. Gerti Rubensohn-Will.[48] Dabei wurde in Kauf genommen, dass – durch das Ausscheiden besonders qualifizierter Kräfte – der Herstellungsprozess des Handbuchs erheblich behindert wurde, was den Verlag Springer massiv beeinträchtigte und zu wirtschaftlichen Verlusten führte.

Einmal mehr kollidierten – wie vielerorts – die Komponenten Rassismus und Antisemitismus mit Kompetenz und kultureller Bedeutung von Einzelpersonen; der NS-Wahn setzte sich über des Menschen Wert und Würde hier und stets hinweg. Der ideologisch fundierte Eingriff in das Chemiewesen, einem Forschungszweig von Weltgeltung, traf eine Branche, die stark von jüdischen Fachleuten mitbestimmt war, nicht zuletzt sichtbar anhand der vier von sechs »deutschen« Nobelpreise, die an Juden verliehen wurden. Zynisch sprach man statt von der »Deutschen Chemischen Gesellschaft« von der »Jüdischen Chemischen Gesellschaft«. Aufmerksamkeit erfuhr eine Gedächtnisfeier, die zur Wiederkehr des Todestages von Fritz Haber am 29. Januar 1935 im Berlin-Dahlemer Harnackhaus stattfinden sollte, vorbereitet durch Max Planck und Otto Hahn, durchaus konfrontativ zum NS-Herrschaftssystem. Der zuständige Minister Bernhard Rust verbot den Mitarbeitern seines Hauses die Teilnahme an diesem Temin, wagte aber nicht ein Verbot der Veranstaltung.

---

47 *Helmut Maier*, Chemiker im »Dritten Reich«. Die Deutsche Chemische Gesellschaft und der Verein Deutscher Chemiker im NS-Herrschaftsapparat, Weinheim 2015, 84f. Es handelt sich um einen Berichtsauftrag der heutigen Gesellschaft der Deutschen Chemiker über Chemie im »Dritten Reich«. Die Selbstgleichschaltung ereignete sich in Verbänden und Vereinen ebenso wie in Gesellschaften wie zum Beispiel der Kaiser-Wilhelm-Gesellschaft, durchaus auch ohne zwangsweise Eingriffe auf dem Wege einer »stillschweigenden Arisierung«, ohne gesetzliche Bestimmungen.

48 Entfernung nachgewiesen durch den Vergleich der Aufstellung von Mitarbeitergehältern vom 16. Mai 1933 und 5. Dezember 1936, siehe *H. Maier*, Chemiker, wie Anm. 47; 84.

Wir wissen auch nicht, ob diese graduierte Akademikerin von der NS-Ausgrenzungsmaßnahme »Depromovierung«, also Aberkennung des Doktortitels, betroffen und »... des Tragens eines deutschen akademischen Grades unwürdig« war.[49] Tausende von jüdischen Akademikern verloren ihre Titel im Verlauf der nationalsozialistischen Neuorientierung der Universitäten, worüber Berichte aus Köln, Würzburg, München, Leipzig, Göttingen und andernorts vorliegen. In der Volkszählung von 1939 wurde der akademische Titel von Gerti Will noch mitgenannt und unter den Berliner »Depromovierten« ist diese Chemie-Doktorin nicht aufgeführt.[50] Eine Erklärung dafür lässt sich nicht ohne weiteres entwickeln, bliebe spekulativ und bezöge sich nicht auf einen Einzelfall. Auch im NS-Herrschaftssystem funktionierten nicht alle Bosheiten reibungslos.

Über das weitere Leben von Gerti Rubensohn-Will gibt es leider nichts außer ihrem tragischen Ende zu berichten. Im Jahr 1937 wurde ihr Vater Dr. Benno Will in einer aufwendigen Familiengrabstätte auf dem jüdischen Friedhof Berlin-Weißensee beigesetzt, wo auch die Eltern von Erich Rubensohn ruhen. Beide Mütter waren früh verstorben, Rosa Will im Dezember 1918 und Hulda Rubensohn im Dezember 1920.[51] – Nun wartete dieser Ort auf die Ankunft des uns bekannten jungen Paares.

---

49 *Ute Deichmann*, Flüchten, Mitmachen, Vergessen. Chemiker und Biochemiker in der NS-Zeit, Weinheim 2001 und andere Arbeiten dazu von dieser Autorin; *Kerstin Thieler*, »... des Tragens eines deutschen akademischen Grades unwürdig«. Die Entziehung von Doktortiteln an der Georg-August-Universität Göttingen im »Dritten Reich«, Göttingen [2]2006; *Petra Umlauf*, Die Studentinnen der Universität München 1926–1945, Berlin/Boston 2016.

50 *Rudolf Schottlaender*, Verfolgte Berliner Wissenschaft. Ein Gedenkwerk, Berlin 1988, 121.

51 Auskunft der Stiftung Neue Synagoge Berlin, Archiv Centrum Judaicum.

## Die neue Macht 1933: brachial, legal, funktional

Erich Rubensohn und Dr. Gerti Rubensohn-Will gingen den gemeinsamen Weg durch ein gefährdetes Dasein ohne akzeptablen Ort zwischen Skepsis und Zuversicht.[52] Auch Rubensohn kam in den Würgegriff der neuen Macht. Bei ihrem Amtsantritt fanden die Nationalsozialisten als Folge willkürlicher Eingriffe schon vor 1933 ruinöse pädagogische Strukturen vor. Aus dem Amt entfernt war Stadtschulrat Jens Nydahl (Sozialdemokratische Partei), ein Demokrat mit großer Offenheit für pädagogische Reformen, die vor allem die Schüler mit sozialer Benachteiligung fördern sollten, im Amt seit 1926. Im Februar hatte es als Erstes die Karl-Marx-Schule im Arbeiterbezirk Neukölln und ihren Leiter, den über die Stadt hinaus für seine pädagogische Reformarbeit bekannten Fritz Karsen, getroffen, kurz danach die 53 Sammelschulen und die beiden Lebensgemeinschaftsschulen mit dem Status von Schulversuchen.[53] Beide Schulformen wurden aufgelöst.

Die Eingriffe in das Schulwesen hatten zwar schon 1932 begonnen, wobei politische und wirtschaftliche Gesichtspunkte sich trafen. Unterstützt durch das *Gesetz zur Wiederherstellung des*

---

52 *H. U. Wehler*, Gesellschaftsgeschichte, wie Anm. 22; 600–937; *Michael Wildt/Christoph Kreutzmüller* (Hg.), Berlin 1933–1945. Stadt und Gesellschaft im Nationalsozialismus, München 2013.

53 In den Sammelschulen wurde statt Religion das Fach »Lebenskunde« unterrichtet. Diese und die Lebensgemeinschaftsschulen waren vor allem in den Arbeiterbezirken entstanden und galten jetzt als »Nester marxistischer Unkultur mit betrübendem Leistungsniveau«. Diese Schulform hatte ein weit über das Lernen hinausgehendes Bildungskonzept und schloss die emotionalen und gesundheitlichen Belange mit ein, integrierte ausdrücklich die Belange des Ästhetischen und schloss Lebenswelten wie Familie und Umgebungskultur nicht aus.

*Berufsbeamtentums* indessen wurde nach dem 7. April 1933 mit Beamten, die verdächtig oder (»rassisch«) unerwünscht waren, mit neuer Konsequenz umgegangen: pensioniert, herabgestuft, umgesetzt, ohne Versorgung entlassen.[54] Auf dieser Grundlage wurden viele hundert Lehrer durcheinandergewirbelt, die Menschen verängstigt, verunsichert und bedrängt. Wo die Versetzten hinkamen, wurden sie freudig begrüßt, denn von dort war gerade ein Schwung Lehrer woandershin versetzt worden. Jüdische Lehrer wurden entlassen, für eine Weile zurückgeholt, weil der Unterricht zusammenzubrechen drohte und die Frontkämpfer vorübergehend weiterarbeiten durften, dann Mitte der dreißiger Jahre wieder entlassen.[55]

Die jungen Lehrkräfte freilich konnten das nicht übel finden, dauerte doch die Arbeitslosigkeit schon lange, sollte die Zahl der Schulstandorte schon länger immer weiter verringert und die Stellen weiter abgebaut werden. Seit 1930 hatte es keine Neueinstellungen mehr gegeben. Der Bund Entschiedener Schulreformer hatte sich bereits am 4. März 1930 beschwert, dass Hunderte von Lehrern entlassen und dadurch Klassenfrequenzen erhöht worden seien. Vor dem Berufswunsch Studienrätin/Studienrat wurde dringend gewarnt. Es ist von der krisenhaften Lage des Schulwesens die Rede, »durch die schwere, oft katastrophale Finanzlage der Schulunterhaltsträger auf der einen, durch die sogenannte Inflation der höheren Schulen und der entsprechenden Entleerung der Volks-

54 Die Weimarer Reichsverfassung hatte ausdrücklich festgestellt, dass für alle Beamten die Freiheit der politischen Gesinnung garantiert sei und dass alle Deutschen vor dem Gesetz gleich seien, unabhängig von ihrem religiösen Bekenntnis (Art. 109, Art. 130, Art. 136). Damit war es nun vorbei.

55 *Hans Mommsen*, Beamtentum im Dritten Reich. Mit ausgewählten Quellen zur nationalsozialistischen Beamtenpolitik, Stuttgart 1966; *Sigrun Mühl-Benninghaus*, Das Beamtentum in der NS-Diktatur bis zum Ausbruch des Zweiten Weltkriege. Zu Entstehung, Inhalt und Durchführung der einschlägigen Beamtengesetze, Düsseldorf 1996.

schulen auf der anderen Seite«[56]. Überhaupt war die finanzielle Knappheit weiterhin enorm und wirkte sich auf allen Gebieten aus:[57] Einschränkung der Schulgeldermäßigung, Reduzierung der Sexten, Fürsorge für die Ärmsten am eigenen Schulstandort (Kartoffeln, Brote, Kleidungsstücke, Kohlen; keine Geldsammlungen allerdings, aber auch keine Schulleiterkonferenzen mit Überlandreisen).

*Ein vernichtender Papiersturm.* Nun kursierte in den Verwaltungen kreuz und quer ein verheerender »Papiersturm«: Gesetzestexte, Ausführungsvorschriften, Durchführungsverordnungen, Ergänzungen, Neuregelungen, Fragebogen, alles getrennt nach Beamten, Angestellten, Arbeitern, Aktiven, Ruheständlern und Stichtagen des Inkrafttretens, Aufforderung tätig zu werden, Bericht zu erstatten, Fristen einzuhalten … alles Vorgänge, die die Maßnahmen zur Machtdurchsetzung in die Papierkleider von Legalität erhoben und alle Beteiligten in die Mitverantwortung für die Machtumgestaltung und Machtdurchsetzung einbanden. Dass von den Verwaltungsleuten unter Lippert den politischen Absichten »entgegengearbeitet« wurde in einem Wettlauf, bei dem jeder der erste sein wollte, geeifert, gehetzt und überholt wurde, ist eine symptomatische Begleiterscheinung. Das Ministerium musste eine Zeit lang dem Übereifer entgegenwirken, zum Beispiel den massenhaften Anträgen auf »Adolf-Hitler-Schulen« als gewünschtem aktuellem Schulnamen, »auf Wunsch des Herrn Reichskanzler« selbst.

---

56 Brandenburgisches Landeshauptarchiv Potsdam, Rep. 34 Nr. 3807, unpaginiert. Mit unverhältnismäßigen Kosten würden Schüler »großgezogen«, die bei einer strengeren Auslese nicht auf die höhere Schule gehörten. Die Überzahl der Abiturienten führe zur Überfüllung der Universitäten und aller akademischen Laufbahnen und »der allmählichen Verelendung weitester akademischer Kreise«. Teilnehmerin dieser Dezernentenbesprechung vom 1.12.1930 in Frankfurt/O. war auch Hildegard Wegscheider, zu dieser Zeit Oberschulrätin beim Provinzialschulkollegium.

57 BrandLHArchivPotsdam, Rep. 34 Nr. 3810, unpaginiert. Direktorensitzung vom 6.11.1931.

Hauptverantwortliche Instanz war die Reichsregierung, die durch das Ermächtigungsgesetz völlig ungehemmt ihre Erwartungen in Gesetzesform brachte, allen voran der Reichsminister des Innern Wilhelm Frick und für den hier behandelten »Anwendungsbereich« der Reichs- und Preußische Minister für Wissenschaft, Kunst und Volksbildung Bernhard Rust. Gerade Frick, der sich schon in Thüringen in der Entlassung von kommunistischen und sozialdemokratischen Beschäftigten im Staatsdienst geübt hatte, sorgte für die »Legalität« der Verwaltungsmaßnahmen zur Machtdurchsetzung und ihren Anschein, sie seien ein Ergebnis von Verantwortungsbewusstsein und sorgfältiger Verwaltungsarbeit:[58] Als-ob-Legalität – insofern, als die Legalität durch eine Macht formuliert wurde, die selbst nur durch eine Mischung von legalen und gewaltförmigen Schritten antreten und sich durchsetzen konnte und ein Legitimationsdefizit (trotz breiter Zustimmung) mit sich trug durch den Terror, mit dem Andersdenkende ausgeschaltet wurden, bis zum Ermächtigungsgesetz und immer fort.[59]

Die ins Chaotische treibende Verwaltung im Nationalsozialismus sorgte dafür, dass sich alle von allen Seiten aus einbringen konnten, sollten und wollten, sich gegenseitig zu übertreffen und zu überholen versuchten, im Verlauf einer »Selbstermächtigung« die Sache vorantrieben und dabei vor allem die eigenen lebenspraktischen Belange im Auge behielten. Dem »Führer«, den Unterfüh-

---

58 Wilhelm Frick (1877–1946) sorgte 1923 beim Hitler-Putschversuch dafür, dass die Polizei nicht rechtzeitig eingeschaltet wurde. Den »Rasseforscher« Hans F. K. Günther hatte er in die Universität Jena aufgenommen, den Roman von Erich Maria Remarque verboten. Am 30.1.1933 wurde er neben Hermann Göring nationalsozialistischer Minister (des Innern) im Kabinett Hitler und wurde zu einer Schlüsselfigur der Machtdurchsetzung. – *Günter Neliba*, Wilhelm Frick. Der Legalist des Unrechtsstaates, Paderborn 1992.

59 Das Denkmal vor dem Deutschen Bundestag und Reichstagsgebäude steht für die 96 ermordeten Reichstagsabgeordneten.

rern, den Provinzführern sollte »entgegengearbeitet werden«, und zwar schnell: in den Krankenhäusern, den Feuerwachen und Universitäten, gegen den »marxistischen Markthallendirektor«,[60] die Forstämter, die Fleischbeschau, die Leitung der Sparkasse und in den Schulen. Überall im Reich wurden sofort die für alle verbindlichen Listen zur Erfassung der ins Visier geratenen Personen ausgegeben und ausgefüllt. Die seitenlangen Erfassungslisten wurden von den Leitungskräften entgegengenommen, hektographiert und an der Basis hin und her geschickt. Alles musste ganz schnell gehen und unverzüglich erledigt werden.

Die Opfer der »Säuberung im Schulwesen« waren als Erstes die Dezernenten gewesen, noch zu Zeiten der sterbenden Demokratie und bereits »vor der Machtergreifung« Hildegard Wegscheider, die Oberschulrätin und SPD-Abgeordnete im Preußischen Landtag.[61] Danach kamen die Schulleitungskräfte: unter vielen auch Dr. Walter Schönbrunn vom Prinz-Heinrichs-Gymnasium in der Grunewaldstraße in Schöneberg, im erweiterten Sinne einer der »Entschiedenen Schulreformer«, von dem bereits die Rede war und den auch

---

60 Der »marxistische Markthallendirektor« Georg Morawski, angegriffen nach § 6, der eine eigene Welle von Korrespondenzstücken mit Julius Lippert bewirkte, Landesarchiv Berlin A Rep. 049-08 Nr. 1351, Bl. 34f., oder Führungskräfte der Verkehrsbetriebe BVG, oder der Direktor des Strandbades Wannsee, Hermann Clajus (SPD), der vor dem Auftritt der SA am 18.3.1933 Selbstmord beging, oder Abgeordnete des Stadtparlaments: *Verein Aktives Museum* (Hg.), Vor die Tür gesetzt. Im Nationalsozialismus verfolgte Berliner Stadtverordnete und Magistratsmitglieder 1933–1945, Berlin 2006, oder Ärzte: Am 7.10.1933 war kein jüdischer Arzt mehr in Berliner Krankenhäusern. Wegen einer Reihe von Einzelfällen hierzu siehe *Christian Dirks/Hermann Simon* (Hg.), … auf dem Dienstweg. Die Verfolgung von Beamten, Angestellten und Arbeitern der Stadt Berlin 1933 bis 1945, Berlin 2010 (Schriftenreihe des Centrum Judaicum Bd. 9).

61 Hildegard Sofie Cecilie Wegscheider (1871–1953), Tochter eines Lehrers am Grauen Kloster, machte 1894 als erste Frau in Preußen das Abitur, 1898 promoviert, gründete 1900 eine private Schule, 1919 bis 1933 Mitglied des Landtags in Preußen für die SPD, Oberschulrätin im PSK. – Siehe *Hildegard Wegscheider*, Weite Welt im engen Spiegel, Berlin 1953.

Eric Hobsbawm in seinen Berliner Schülerjahren kennen und schätzen gelernt hatte.[62] Dazu die Deutschdidaktikerin Dr. Susanne Engelmann als Leiterin der Viktoriaschule, natürlich Fritz Karsen von der Neuköllner Karl-Marx-Schule (»Nie wieder Karl-Marx-Schule!«) und Johannes Fest, der Volksschulleiter aus Karlshorst.[63]

Jüdische Lehrer waren schon vorher beurlaubt worden, zum Beispiel der Oberstudienrat Martin Deutschkron vom Luisen-Oberlyzeum in Berlin-Mitte, der Vater von Inge Deutschkron.[64] Danach waren die Lehrkräfte dran, »die nicht jederzeit rückhaltlos ...«, etwa Paul Oestreich im Hause der Hohenzollern-Oberrealschule in der Belziger Straße,[65] sodann die Schülerinnen und Schüler jüdischer Herkunft. Für diese gab es zunächst keine Ausschlussregeln, aber vorauseilenden Gehorsam auf Schulleiterseite.

---

62 *E. Hobsbawm*, Gefährliche Zeiten, wie Anm. 2; 73f. Hobsbawm widmet sich viel umfänglicher seiner Berliner Schule (dem Prinz-Heinrichs-Gymnasium), »den entscheidenden Jahren zwischen 1931 und 1933«, als die meisten anderen prominenten Autoren biographischer Publikationen. Siehe auch *Heinz Stallmann*, Das Prinz-Heinrichs-Gymnasium zu Schöneberg, 1890–1945. Geschichte einer Schule, Berlin 1965.

63 Susanne Charlotte Engelmann (1886–1963), 1919 bis 1933 DDP, Oberstudiendirektorin am Viktoria-Lyzeum, Publikationen zum Deutschunterricht und zur Mädchenerziehung. – *Marion Klewitz*, Lehrersein im Dritten Reich. Analysen lebensgeschichtlicher Erzählungen zum beruflichen Selbstverständnis, Weinheim/München 1987; *Benno Schmoldt* (Hg.), Pädagogen in Berlin. Auswahl von Biographien zwischen Aufklärung und Gegenwart, Hohengehren 1991, 237–247; *Joachim Fest*, Ich nicht. Erinnerungen an eine Kindheit und Jugend, div. Aufl., Berlin 2006. – Der Schulleiter Johannes Fest war der Vater von Joachim Fest.

64 Luisen-Oberlyzeum, Jahresbericht 1934; *Inge Deutschkron*, Ich trug den gelben Stern, Köln 1978, div. Aufl., München 2006; *Michael Degen*, Nicht alle waren Mörder. Eine Kindheit in Berlin, München ²1999; *Inge Hansen-Schaberg/Christian Ritzi* (Hg.), Wege von Pädagoginnen vor und nach 1933, Hohengehren 2004.

65 Paul Oestreich (1878–1959), 1919 Mitbegründer des »Bundes Entschiedener Schulreformer« (mit Siegfried Kawerau, Fritz Karsen, Franz Hilker, Elisabeth Rotten, Wilhelm Paulsen, Anna Siemsen u.a), 1905 bis 1933 Oberlehrer bzw. Studienrat in Berlin, nach 1945 Schulrat im Bezirk Berlin-Zehlendorf, danach Schulaufsicht im Ostteil der Stadt Berlin. – Hohenzollernschule, Jahresbericht von 1933/34.

Zu Unrecht ausgeschlossene Schüler mussten wieder aufgenommen werden.[66] Auch der bereits lang andauernde Konflikt zwischen den Vorgesetzten und dem Leiter des Prinz Heinrichs Gymnasium PHG, Dr. Walter Schönbrunn, konnte nun eine passende Zuspitzung erfahren, die mit der Beurlaubung Schönbrunns endete. Im Verlauf der Auseinandersetzungen spielt auch Dr. Martin Löpelmann eine Rolle, eine exponierte und zugleich schillernde Figur auf dem Feld von Schule und Verwaltung in der NS-Zeit.[67] Selbst höchste Instanzen mischten sich in solcherart Konflikte ein.

66 Für neu einzuschulende Schüler »nichtarischer Abstammung« musste ein Schlüssel von 1,5 Prozent eingehalten werden, im Ganzen 5 Prozent. Diese Begrenzung galt nicht für Schüler aus dem Ausland. MfWKV, *Zentralblatt für die gesamte Unterrichtsverwaltung in Preußen*, 1933, 138.

67 BArchivBerlin 4901 Nr. 5150, unpaginiert. – Preußischer Landtag, Kleine Anfrage Nr. 35 vom 26.9.1932, Dr. Löpelmann (Nationalsozialistische Deutsche Arbeiterpartei): »Der Oberstudiendirektor am Staatlichen Prinz-Heinrichs-Gymnasium, namens Dr. Schönbrunn, befragte kürzlich einen Abiturienten, welchem Beruf er sich nach Ablegung der Reifeprüfung widmen wolle. Der Abiturient antwortete, er wolle zur Reichswehr. Darauf bemerkte der Oberstudiendirektor: »Da wollen Sie also Obermörder werden.« Ich frage das Staatsministerium: 1. Ist das Staatsministerium mit einer solchen Kritik seitens eines preußischen Beamten der Reichswehr gegenüber einverstanden? 2. Glaubt das Staatsministerium, einem so gesonnenen Schulleiter weiter unsere Jugend anvertrauen zu können?« PSK am 15.10.1932: »alberne Beschuldigungen«.

## Not, Unrecht und Gefahr

Für viele der betroffenen Männer und Frauen waren die Folgen existentiell, besonders für die jüdischen Bürger. Die persönlichen Dramen sind auch in Verwaltungsakten der Schulen und Behörden nachzuspüren: wenn aus den von Entlassung betroffenen Familien heraus um Milderung der materiellen Not gebeten wurde, wenn Denunziationen die menschliche Nachbarschaft zerrissen, wenn Recht und Gerechtigkeit neu zurechtgebogen wurden, wenn Eiferer und Opportunisten die Bühne besetzten und das gesellschaftliche Klima mit ihren Wünschen und Forderungen vergifteten.[68]

*Not*. Die Zäsuren nicht allein nach dem 7. April 1933 stürzten viele Menschen in große Not. Sofern es nicht bei Umsetzungen oder Frühpensionierungen mit einem einigermaßen erträglichen finanziellen Auskommen blieb und der Beamte fristlos und ohne jede finanzielle Entschädigung aus dem Dienst entfernt wurde, standen die betroffenen Familien vor dem Nichts. Vereinzelte (eigentlich unerlaubte) Privatstunden, Verkäuferjobs, handwerkliche Aktivitäten oder Näharbeiten der Mutter und Hausfrau brachten ein minimales Einkommen zusammen. Inzwischen bekannt geworden ist die Lage im Haus der Familie Fest, wo der Vater und Rektor einer Schule in Karlshorst mit geringen Mitteln sein Prinzip des »Ich nicht« der ganzen Familie zumutete und mit Frau und Kindern durchlitt. Noch schlimmer erging es den gänzlich mittellosen Menschen, die oft auch nicht kreativ mit irgendwelchen Ersatzlösungen experimentieren konnten, weil das ihren Fähigkeiten nicht entsprach und sie von dem alltagspraktischen

68 Zum Alltag von Entrechtung und Entwürdigung Bertolt Brechts »Furcht und Elend des Dritten Reiches« und neben vielen anderen Berichten die Tagebücher von Victor Klemperer.

Problem nicht loskamen. Vielen blieb deshalb nur das Mittel eines brieflich vorgebrachten Gnadengesuchs.[69] Der tragende Gedanke war nicht selten »Wenn das der Führer wüsste ...« oder »So etwas weiß der Führer nicht ...«.

*Denunziation.* Unzähligen kollegialen und nachbarschaftlichen Angriffen wurde auf dem Hintergrund der NS-Denkwelt Nachdruck verliehen, wenn die Vorbehalte und Vorlieben der Nazis sich verwoben mit persönlichen Feindschaften. Im November 1936 wurden Vorwürfe gegen Studienassessor Dr. Rohmer von der Viktoria-Luise-Schule in Berlin-Wilmersdorf erhoben, der Heinrich Heines *Belsazar* im Unterricht behandelt hatte, ja: auswendig lernen ließ. Darüber hinaus setzte er »BDM-Mädel in Uniform« neben ein jüdisches Mädchen und meinte auf Protest »Nun erst recht!« und platzierte schließlich als »arische Schülerin« ausgerechnet die Tochter einer SS-Charge neben sie. Seine nicht unelegante Einlassung auf die wütenden Beschwerden lautete: »Um so besser. Dann wirst Du wenigstens nicht schwatzen.« Ausführlich berichtete Abteilungsleiter Otto Zander (beim Oberpräsidenten) über die vielen positiven Bewertungen dieser Lehrkraft aus der Sicht von Schülerinnen und Eltern, von seiner Beliebtheit und dass man ihn nur sehr ungern verlieren würde. Die NS-Parteigenossen schlossen in solchen »wichtigen« Fragen untereinander kurz, und hohe Beamte füllten wegen

69 Mit größter äußerer Sorgfalt und dramatischen Bildern wurden auf den üblicherweise von oben nach unten halbseitig handbeschriebenen Blättern Not und Ungerechtigkeit geschildert, nicht zuletzt adressiert an den »Führer und Reichskanzler« persönlich. Vgl. auch *Henrik Eberle* (Hg.), Briefe an Hitler, Ein Volk schreibt seinem Führer, Bergisch Gladbach 2007. Solche Briefe sind nicht nur in Moskauer Archiven zu finden, sondern auch verstreut in Schul- und Verwaltungsakten hiesiger Sammlungen. Der Tonfall allerdings ist nicht mehr an der Jahrhundertwende orientiert: »der Unterzeichnete wagt es, eine Bitte vorzutragen«, »bitten deshalb gehorsamst, Ew. Exzellenz wolle geneigtest die allerhöchste Zustimmung ...« und ähnliches.

dieserart Beschwerden und Anklagen die Verwaltungsakten, nicht ohne Blick auf den eigenen Vorteil für den jeweiligen Denunzianten.[70]

Oberschullehrer Rudolf Schöniger vom Eckener-Gymnasium in Berlin-Mariendorf bezeichnete 1936 »die heutige Bewertung der Rassenfrage als Quatsch und unsinnig«: vorläufige Dienstentlassung und Streichung von einem Viertel des Gehalts.[71] Lehrer Ernst Fritz, von dem Walter Jens erzählt, mit seinem »Schau mich mit deinen blöden Jungvolkaugen nicht so dämlich an!« und anderen Rigorositäten ist bekannt vor allem wegen seiner legendären Grammatikstunde zu der Passage »Kameraden, die Rotfront und Reaktion erschossen«, die so eingehend die Frage behandelte, wer nun wen erschossen habe, dass am Ende niemand mehr das »Horst-Wessel-Lied« ernst nehmen konnte. Oder der Geschichtslehrer von Günter de Bruyn im Jahre 1944 vor seiner Klasse: »Eine abschließende Bewertung des Tausendjährigen Reiches gebe ich

70 13.2.1935, Reichsführer SS an RWEV: »Betr.: Jüdische Lehrkräfte an deutschen Schulen. Es wird gebeten, von dem beigefügten Schreiben des SS-Obersturmführers Martini Kenntnis zu nehmen und das Weitere zu veranlassen.« Martini schrieb: »An das Königstädtische Reformrealgymnasium. Hiermit melde ich meinen Sohn Heinz mit Beginn der Weihnachtsferien vom Unterricht ab [...] Erst heute habe ich in Erfahrung gebracht, dass in obiger Anstalt noch drei jüdische Lehrer deutsche Kinder unterrichten [...] Als Nationalsozialist und SS-Führer kann ich es mit meinem Gewissen nicht vereinbaren [...] Unter anderem hat er zu den Jungen, die zum größten Teil dem Jungvolk angehören, gesagt: ‚Euch Bande müsste man mit dem Knüppel vor den Kopf schlagen'.« Dazu von der Abt. Höhere Schulen beim Oberpräsidenten: »Studienrat Geballe hatte niemals Zusammenstöße mit dem Jungvolk gehabt, Zusammenhang andersartig, Schüler hätten die Tür und eine Seite des Katheders eingetreten, Pensionierung unmittelbar bevorstehend, keine weiteren Untersuchungen notwendig. Zander.« BArchivBerlin R 4901 Nr. 5150, unpaginiert.

71 Alle Beispiele aus BArchivBerlin R 4901 Nr. 4712: »Beschwerden Juli 1933 bis September 1941«. Denunziationen sowie nationalsozialistische und individuelle »Hirngespinste« füllen seitenlang die Akten.

Ihnen nächstes Jahr.«[72] Das sind Bilder von Eigen-Sinn, der nicht mehr unterdrückt werden kann: aus Gründen der Überzeugung, des Temperaments, des Selbst-Bewusstseins, der Selbst-Achtung.

*Eiferer.* Auch jene Personen, die sich im Übereifer im Ton vergriffen oder mehr und mehr die Kontrolle über ihr Tun und Lassen verloren hatten und verlieren durften, gingen gänzlich straffrei aus. Die Studienrätin Meta Reichow vom Staatlichen Elisabethlyzeum in der Berliner Kochstraße erinnerte 1933 mit aller Deutlichkeit daran, »dass von nun an die deutschen Schulen der deutschen Jugend gehören, und dass Juden darin einstweilen nur geduldet werden. Wenn dieses freche Judengesindel verlangt, dass noch weiter ihre orientalische Frechheit an den Schulen geschützt werden soll, dann irren sich die Herrschaften.« Es war Dr. Martin Löpelmann, der sich am 2. März 1933 gegenüber dem Ministerium für Wissenschaft, Kunst und Volksbildung nachdrücklich dafür einsetzte, dass diese Lehrerin wegen des Tonfalls und der antijüdischen Hetze nicht weiter belangt werden sollte, wie es die vorgesetzte Verwaltungsebene zunächst vorhatte.[73]

Überhaupt war StR Dr. Martin Löpelmann (»Dr. Rüpelmann«) vom Fichte-Realgymnasium selbst ein prominenter Eiferer, der mit seinen vielen Beleidigungsklagen in Berlin und andernorts auf sich

---

72 *Walter Jens*, Mein Lehrer Ernst Fritz, in: *Marcel Reich-Ranicki*, Meine Schulzeit im Dritten Reich. Erinnerungen deutscher Schriftsteller, 1988 div. Aufl., 105–114; *Günter de Bruyn*, Unzeitgemäße Betrachtungen über Vergangenheit und Gegenwart, Frankfurt am Main ²2003. Der massenhafte Eingang von Denunziationen war durchaus erwünscht, wurde sogar eingefordert: Aufforderung, Kritiker und Miesmacher zu benennen, nach *Ch. Dirks/H. Simon* (Hg.), Dienstweg, wie Anm. 60.

73 BArchivBerlin R 4901 Nr. 4709, Bl. 42.

aufmerksam machte.[74] Einer der Vorfälle hatte schließlich dazu geführt, dass der Oberbürgermeister von Berlin im Juni 1932 Strafantrag stellte und das Provinzialschulkollegium sich gleich anschloss.[75] Löpelmann hatte am 19. April 1932 im Sportpalast vor 15 000 Beamten den noch im Amt befindlichen Stadtschulrat Jens Nydahl der passiven Bestechlichkeit bezichtigt. Das PSK hatte deswegen auf Dienstentlassung plädiert, das Gericht auf 600 RM an die Staatskasse (bzw. 60 Tage Gefängnis). Wir wissen aber, dass das alles nach einiger Zeit aufgehoben wurde: für Meinshausen, Lippert, Löpelmann und die anderen.[76] Der Oberstaatsanwalt beim Landgericht II erließ am 28. Dezember 1932 diese Form von Bestrafung, dieses Mal wegen der Amnestie vom 20. Dezember 1932: 15 000 Straftäter sollten noch vor Weihnachten entlassen werden. Auch die vom PSK getroffenen disziplinarischen Entscheidungen, die in der Übergangszeit vor dem Januar 1933 eine Verteidigung von Gedanken und Gesetz der Weimarer Republik versuchten, erfuhren eine »Korrektur«. Die Einstellung des Verfahrens gegen Löpelmann kam am 3. Januar 1933 gem. §§ 1 und 4 des Reichsgesetzes über die Straffreiheit mit der Begründung: »Handlungsrahmen Parteiversammlung, Äußerungen auf der Grundlage politischer Beweggründe«.

---

74 Dr. Martin Franz Wilhelm Löpelmann (6.4.1891 – 25.2.1981), Gymnasium zum Grauen Kloster in Berlin, Studium der Philologie an der Friedrich-Wilhelms-Universität Berlin, 1913 Promotion, 1914 Staatsprüfung für das höhere Lehramt, Teilnahme Erster Weltkrieg, 1919–1933 StR Fichte-Gymnasium Berlin-Schöneberg, 1928 Eintritt in die NSDAP, 1929 bis 1933 Stadtverordneter in Berlin, September 1930 MdR, 1933 bis 1936 MdL Preußen, 1933/34 Ministerialrat, 1935 Ministerialdirigent im Preußischen Ministerium für WEV, Abt.Ltr. für höhere Schulen.

75 Strafantrag gem. § 196 StGB und §§ 185, 186 StGB.

76 BArchivBerlin R 4901 Nr. 3390 (Disziplinarverfahren), Bl. 53. – Der Kabinettsbeschluss der Regierung von Schleicher wurde von Nationalsozialisten, Sozialdemokraten und Kommunisten getragen, vor allem für das zu amnestierende Strafmaß von »bis zu fünf Jahren«.

Löpelmann wurde bald danach Ministerialrat und -dirigent beim Preußischen Erziehungsministerium. Dort allerdings blieb er auch nicht auf Dauer, denn seine NS-Fundierung war die eine, sein Temperament die andere Seite seiner »Performance«. Der Pg. »Rüpelmann« hatte mit seinen »Jungfrauen-Vergleichen« überzogen. Auf Wunsch des »Führers und Reichskanzlers« wurde er am 26. Februar 1936 aus dem Amt entlassen (wegen seiner »geradezu gehässigen Einstellungen gegenüber Einrichtungen der Bewegung«) und am 31. Mai 1938 aus der Partei (wegen seines parteischädigenden Verhaltens in den Jahren 1935 und 1936) ausgeschlossen.[77] Danach zog sich Löpelmann aus der politischen Aktualität zurück, blieb oder wurde Schriftsteller, hatte keine Probleme mit der Entnazifizierung und setzte jahrzehntelang seine Arbeit als Autor und Herausgeber fort, und das sehr erfolgreich.

*Gefahr*. Die Oberschullehrerin Elsa Kunze vom Heinrich-von-Kleist-Gymnasium in Frankfurt an der Oder wurde wegen ihrer Wohngemeinschaft mit der ehemaligen Lehrerin Eva Pollack belangt, einem »Mischling ersten Grades«. Diese war wie üblich 1933 nach § 3 BBG in den Ruhestand versetzt worden. Elsa Kunze hatte die Aufforderung des Kreisleiters, diese Wohngemeinschaft aufzulösen, »abgelehnt und gebeten, eine Entscheidung des Stellvertre-

77 Philipp Bouhler, Chef der Kanzlei des Führers der NSDAP, am 31.5.1938: »Der Führer hat Ihren Ausschluss aus der NSDAP verfügt…« LArchBerlin B Rep. 031-01-02 (Entnazifizierungsakte ENS). Was war geschehen? Während am 17.11.1931 der Reichskanzler Heinrich Brüning (Zentrumspartei) Löpelmanns Wortwahl »die schon etwas abgegriffene Jungfrau vom Zentrum« nicht mit einer Strafanzeige beantwortete (LArchBerlin A Rep. 358-01 Nr. 638 Microfilm), war es am 5.2.1936 im Domgymnasium zu Halberstadt endgültig zu viel. Laut Protokoll: Kritische Bemerkungen des Pg. Löpelmann über den BdM. Sodann: »Wie lange will Herr von Schirach eigentlich noch jung bleiben? Dann verglich er den Pg. von Schirach mit einer alten Jungfer, die mit 20, 40, womöglich noch 60 Jahren immer noch auf ihre Jugend poche.« Beifall. »Auf das erlösende Wort haben wir schon lange gewartet.« Hatte Löpelmann vielleicht auf sein Karriereende hingearbeitet?

ters des Führers herbeizuführen«: unter Berufung auf § 6 Abs. 2 der *Ersten Verordnung zum Reichsbürgergesetz* vom 14. November 1935. Partei- und Volksgenossen »sehen in der Weigerung der Kunze, die Wohngemeinschaft mit einer Halbjüdin zu lösen, eine Sabotage des nationalsozialistischen Wollens.« Nun konnte auch die Abteilung für höhere Schulen nicht anders. Abteilungsleiter Zander legte sich fest und führte am 25. August 1937 aus: »Ich halte es nicht für tragbar, daß eine noch im Amt befindliche Lehrerin mit einer nicht rein arischen früheren Berufskameradin zusammen lebt. Die Öffentlichkeit wird daran mit Recht Anstoß nehmen.«[78] Anfang 1938 verlangten alle beteiligten Stellen, dass diese Lehrerin die Wohngemeinschaft aufzulösen hätte. Der Ausgang der Angelegenheit ist nicht mehr aufzuklären.

1937 wurde auch die Studienrätin Elisabeth Schmitz vom Blockwart wegen des Zusammenwohnens mit ihrer Freundin Dr. Martha Kassel seit Oktober 1933 denunziert, einer »nichtarischen« Ärztin mit Berufsverbot und verlorener Kassenzulassung. Der Gau verlangte den Hinauswurf aus der Schule. Die Oberschulrätin Hedwig Thöne übernahm die Sache, redete wohlwollend mit der Studienrätin. Es ging in das Jahr 1938, wo in Akten vom 22. März zu lesen ist: »Da nach Ihren Erklärungen vom 14. März dieses Jahres eine unfreundliche Einstellung gegenüber einer Gliederung der NSDAP nicht vorliegt und die nichtarische Ärztin Dr. Martha Kassel, mit der Sie früher zusammengewohnt hatten, auf Ihre Veranlassung ausgezogen ist, sehe ich die Eingabe der Gauleitung der NSDAP vom 25. Februar 1938 als erledigt an.«

78 BArchivBerlin R 4901 Nr. 4712, Bl. 319. Beim Stab des »Stellvertreters des Führers« wurden unter anderem Fragen des Beamtenstatus und seiner Übereinstimmung mit den Vorstellungen der Partei behandelt. – *Peter Longerich*, Hitlers Stellvertreter. Führung der Partei und Kontrolle des Staatsapparates durch den Stab Heß und die Partei-Kanzlei Bormann, München 1992.

Lion Feuchtwanger schildert 1933 in dem Roman *Die Geschwister Oppermann* eine andere Entwicklung. Er beschreibt unter anderem die dramatische Konfrontation des 17-jährigen Gymnasiasten Berthold mit der aggressiven »NS-Philosophie«, der in den Tod getrieben wird, weil er in der Schule seinen Vortrag über »Hermann den Deutschen« nicht auf Wunsch seines Deutschlehrers im nationalsozialistischen Sinne ändern will, den Konflikt nicht erträgt und nicht überlebt.

## »An den Führer und Reichskanzler«, ein Gesuch

Chancenlos blieb Erich Rubensohn, der jüdische Studienassessor, der Meinshausen 1930 nach dessen Entfernung aus dem Dienst am Schiller-Realgymnasium abgelöst hatte. Das Hin und Her in seiner Situation stellt sich wie folgt dar: Entlassung Anfang 1933, gefolgt von der Wiedereinstellung als Frontkämpfer auf der Basis des BBG, des *Gesetzes zur Wiederherstellung des Berufsbeamtentums* vom 7. April 1933. Ab Herbst 1933 durfte er aufgrund eines Ministerialerlasses als Nichtarier nicht mehr Deutsch unterrichten, wurde am 2. Juni 1934 mit allen »nichtarischen« Assessoren erneut beurlaubt, wieder beschäftigt eine Woche später am 9. Juni 1934 wegen der schweren Kriegsbeschädigung, hatte nach einer Neufassung des Gesetzes am 15. September 1935 jedoch erneut auszuscheiden. Rubensohn wurde am 31. Dezember 1935 auf Grundlage des § 4 Abs. 2 der *Ersten Durchführungsverordnung zum Reichsbürgergesetz* vom 14. November 1935 endgültig entlassen.

Er entschied sich nach seiner endgültigen Entlassung im November 1935 bereits am 21. desselben Monats für einen Brief an den »Führer und Reichskanzler« und machte darin für sich geltend: 70 Prozent schwerkriegsbeschädigt, beinamputiert, Nachoperation 1920 im St.-Hedwig-Krankenhaus, Träger des Eisernen Kreuzes und Verwundetenabzeichens, Ehrenkreuz für Frontkämpfer am 9. November 1934 vom »Führer« verliehen, fünf Vettern auf dem Felde der Ehre gefallen, weiterhin ein Bruder des Vaters kriegsbedingt gestorben.[79]

*Zum Ehrenkreuz.* Das Ehrenkreuz für Teilnehmer am Ersten Weltkrieg wurde vom Reichspräsidenten Paul von Hindenburg am 13. Juli 1934 gestiftet und auf Antrag verliehen. Es gab verschiedene

79 Nach BArchivBerlin R 4901 Nr. 4714, Bl. 96. Erich Rubensohn wohnte inzwischen mit seiner Frau Gerti in der Vinetastraße 61 in Berlin-Pankow.

Im Namen des Führers und Reichskanzlers

Dem

Dr. Ing. Herbert Meyer
in Montmorency

ist auf Grund der Verordnung vom 13. Juli 1934 zur Erinnerung an den Weltkrieg 1914/1918 das von dem Reichspräsidenten Generalfeldmarschall von Hindenburg gestiftete

**Ehrenkreuz für Frontkämpfer**

verliehen worden.

Paris, den 15. April 1935.
Der deutsche Botschafter
Köster

Nr. A. 254/35.



**Abb. 11** Verleihungsurkunde zum Ehrenkreuz für Frontkämpfer

Stufen, unter anderem für direkte Frontkämpfer bei der fechtenden Truppe. Hindenburg verstarb gut 14 Tage später und fortan wurde die Auszeichnung im Namen des »Führers und Reichskanzlers« verliehen. Ein gleichgelagerter Fall von aktuellem Interesse liegt zum Beispiel für Hugo Heymann vor, dem jüdischen Besitzer der »Villa Wurmbach« in Berlin-Dahlem, dem gegenwärtigen Wohnsitz der Präsidenten der Bundesrepublik Deutschland in der Pücklerstraße 14. Auch Heymann empfing das genannte Ehrenzeichen und es hat ihm in keiner Weise geholfen. Hugo und Maria Heymann hatten nach 1933 das Objekt mit den bekannten Nachteilen verkaufen müssen. Die Gefahren für dieses Paar bauten sich weiter auf. Heymann verstarb 1938 nach Folterungen durch die Gestapo noch vor der geplanten Ausreise nach Norwegen.[80]

80 *Claudia Kramatschek*, Die Villa in der Pücklerstraße. Hugo Heymann und die Vernichtung der wirtschaftlichen Existenz von Juden im Nationalsozialismus, mit Beiträgen im Kontext von *Christoph Kreutzmüller* und *Michael Wildt*, Bundeszentrale für politische Bildung und Bundespräsidialamt, Bonn 2020, Band 10392.

Der Verfasser des Gesuchs fokussiert nachdrücklich und eindrücklich wiederholend auf die schwere Behinderung und ihre Auswirkungen für die Lebensführung und den Anspruch, selbstwirksam das Leben zu meistern. Rubensohn beschreibt die mannigfachen Beschwerden und den Versuch, trotzdem »vollen Dienst« zu leisten. Die vielen wechselnden Einsatzorte – immerhin elf Anlaufpunkte – und die erschwerte Mobilität »mit Krücken« bei Eis und Schnee werden genannt und der Verzicht auf Erleichterungen für kriegsbeschädigte Lehrkräfte. Dass der jüdische Assessor ab Herbst 1933 nicht mehr Deutsch unterrichten durfte, veranlasste ihn, Englisch zu studieren mit dem Ziel, eine Lehrbefähigung für dieses Fach zu erlangen.

Rubensohn beklagt, dass er mit 39 Jahren untätig sein und das »Opfer für Deutschland« nichts gelten soll, dass er sein Brot nicht selbst verdienen darf und auf Gnade angewiesen sein werde. Er beschreibt mit Nachdruck die körperliche und seelische Not des Schwerbeschädigten, sodann die wirtschaftlichen Folgen und die Umstände der Gnadenpension. Schließlich erörtert der Verfasser den Ausschluss von allen beruflichen Entwicklungen wie Beförderung zum Studienrat und die tragischen Facetten der Ungerechtigkeit und Härten. Dabei wiederholt Rubensohn immer wieder die Benennung des Grundübels: seiner für Deutschland geopferten Lebenskraft, wofür er Verständnis auf der Seite eines Kriegsverletzten wie »der Führer selbst« erwartet.

*Bleiben oder Gehen?* Eine Antwort auf diese Frage begleitete jüdische Menschen und Gemeinden für eine ganze Weile. Die Rubensohns hatten sich nicht für eine Emigration entscheiden können, so muss man es wohl sehen, weil ihnen die Ressourcen fehlten und die Vorstellung, auf welcher Grundlage sie andernorts leben sollten. Man war nicht privilegiert oder prominent, nicht wichtig für wen auch immer, hatte keine Eigenschaften, die in der

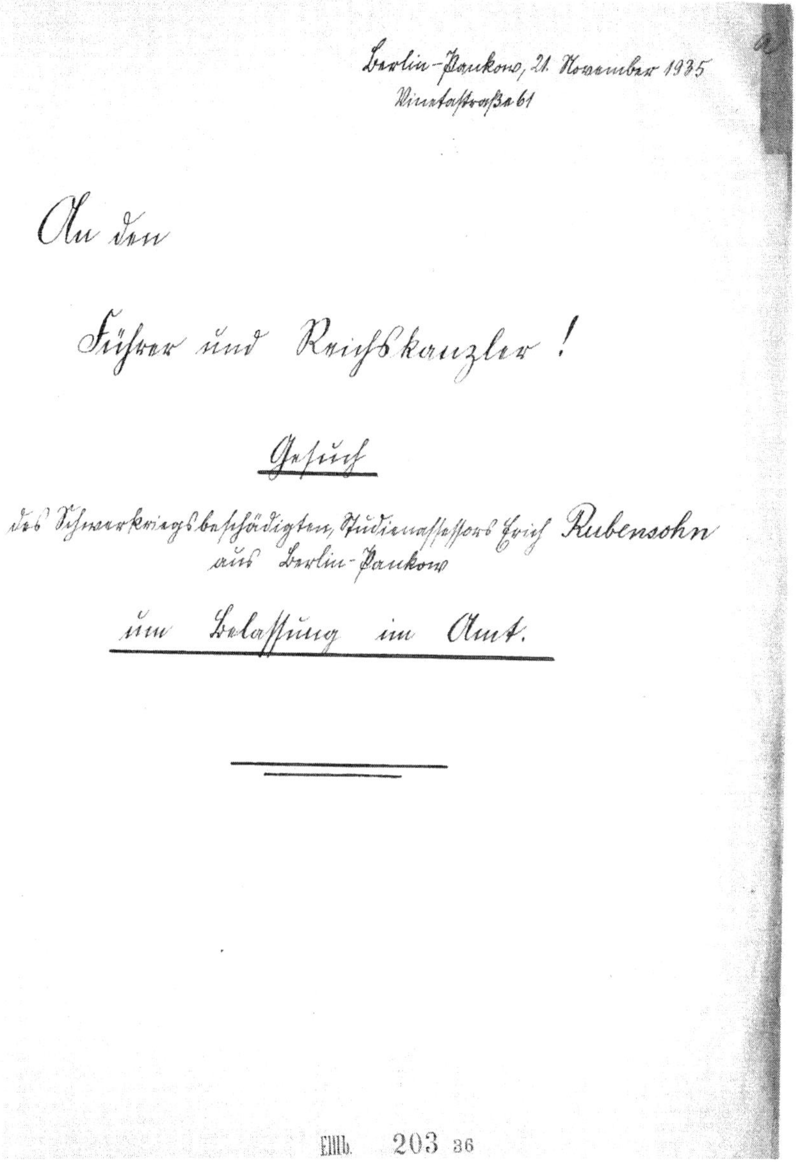

Berlin-Pankow, 21. November 1935
[illegible]straße 61

An den

Führer und Reichskanzler!

Gesuch

des Schwerkriegsbeschädigten, Studienassessors Erich Rubensohn
aus Berlin-Pankow

um Belassung im Amt.

EIIIb. 203 36

**Abb. 12** Gesuch Erich Rubensohns an den »Führer und Reichskanzler«, S. 1/12

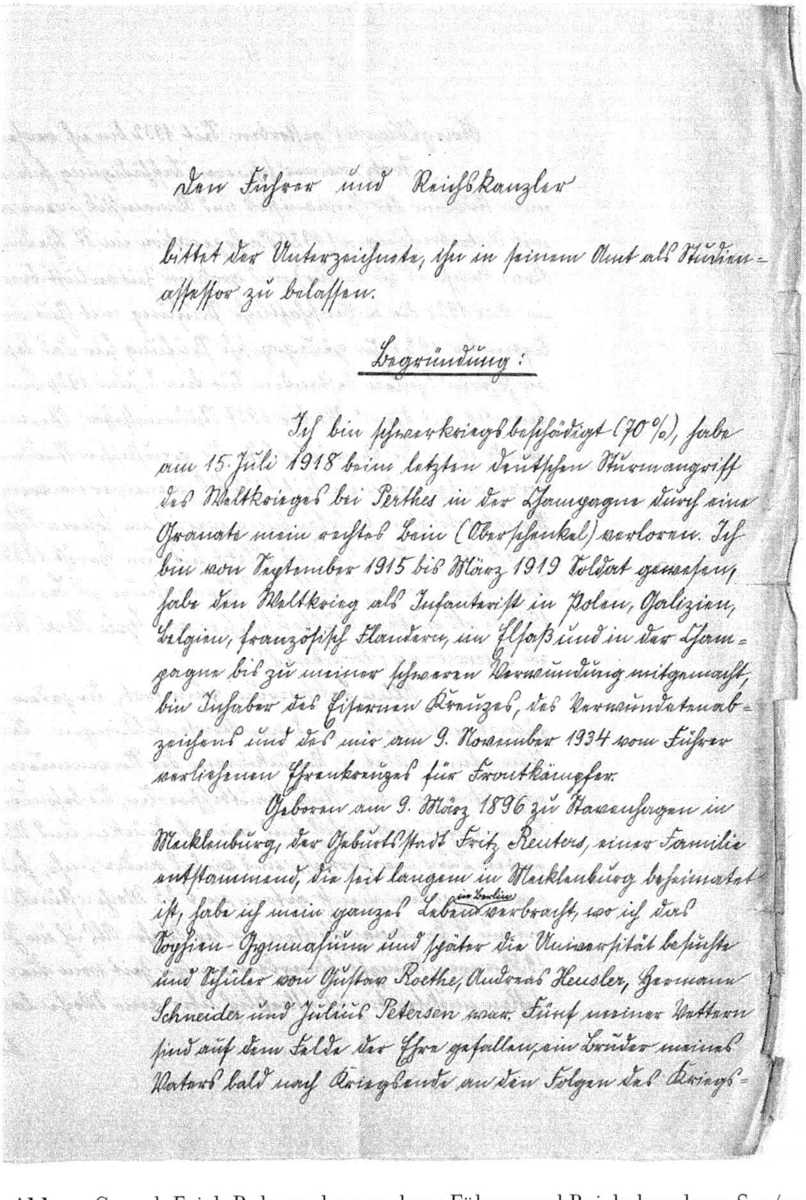

Den Führer und Reichskanzler

bittet der Unterzeichnete, ihn in seinem Amt als Studienassessor zu belassen.

Begründung:

Ich bin schwerkriegsbeschädigt (70 %), habe am 15. Juli 1918 beim letzten deutschen Sturmangriff des Weltkrieges bei Perthes in der Champagne durch eine Granate mein rechtes Bein (Oberschenkel) verloren. Ich bin von September 1915 bis März 1919 Soldat gewesen, habe den Weltkrieg als Infanterist in Polen, Galizien, Belgien, französisch Flandern, im Elsaß und in der Champagne bis zu meiner schweren Verwundung mitgemacht, bin Inhaber des Eisernen Kreuzes, des Verwundetenabzeichens und des mir am 9. November 1934 vom Führer verliehenen Ehrenkreuzes für Frontkämpfer.

Geboren am 9. März 1896 zu Stavenhagen in Mecklenburg, der Geburtsstadt Fritz Reuters, einer Familie entstammend, die seit langem in Mecklenburg beheimatet ist, habe ich mein ganzes Leben in Berlin verbracht, wo ich das Sophien-Gymnasium und später die Universität besuchte und Schüler von Gustav Roethe, Andreas Heusler, Hermann Schneider und Julius Petersen war. Fünf meiner Vettern sind auf dem Felde der Ehre gefallen, ein Bruder meines Vaters bald nach Kriegsende an den Folgen des Kriegs-

**Abb. 13** Gesuch Erich Rubensohns an den »Führer und Reichskanzler«, S. 2/12

Fremde weitertragen könnten. Nebenbei: Auch prominente Emigranten hatten in der Ferne Bedingungen, die das Leben schwer belasteten; von Lebensglück keine Rede. Nicht alle standen da wie Thomas Mann, Albert Einstein, Franz Werfel, Kurt Lewin und vergleichbare Prominente.[81] Als er nun blieb und mit ihm seine Frau Gerti, schien Erich Rubensohn bestimmt von seiner Selbstinterpretation als »edler Biedermann«, eigentlich als Edelmann, dessen Stolz ihm die tatenlose Bettlerrolle verbot, eine individuelle Facette zur Psychologie des »Bleibens oder Gehens«.

Abschrift des Gesuchs vom 21. November 1935

»den Führer und Reichskanzler
bittet der Unterzeichnete, ihn in seinem Amt als Studienassessor zu belassen.

Begründung:

Ich bin schwerkriegsbeschädigt (70 %), habe am 15. Juli 1918 beim letzten deutschen Sturmangriff des Weltkrieges bei Perthes in der Champagne durch eine Granate mein rechtes Bein (Oberschenkel) verloren. Ich bin von September 1915 bis März 1919 Soldat gewesen, habe den Weltkrieg als Infanterist in Polen, Galizien, Belgien, französisch Flandern, im Elsaß und in der Champagne bis zu meiner schweren Verwundung mitgemacht, bin Inhaber des Eisernen Kreuzes, des Verwundetenabzeichens und des mir am 9. September 1934 vom Führer verliehenen Ehrenkreuzes für Frontkämpfer.

81 Dazu auch ausführlicher *Raul Hilberg*, Täter, Opfer, Zuschauer. Die Vernichtung der Juden 1933–1945, Frankfurt am Main [5]1996.

Geboren am 9. März 1896 zu Stavenhagen in Mecklenburg, der Geburtsstadt Fritz Reuters, einer Familie entstammend, die seit langem in Mecklenburg beheimatet ist, habe ich mein ganzes Leben in Berlin verbracht, wo ich das Sophien-Gymnasium und später die Universität besuchte und Schüler von Gustav Roethe, Andreas Heusler, Hermann Schneider und Julius Petersen war. Fünf meiner Vettern sind auf dem Felde der Ehre gefallen, ein Bruder meines Vaters bald nach Kriegsende an den Folgen des Kriegsdienstes gestorben. Seit 1932 bin ich verheiratet.
Trotz meiner schweren Beschädigung habe ich mein Studium der Germanistik und Romanistik, wenn auch mit Unterbrechungen (1920 Nachoperation im St. Hedwigs-Krankenhaus zu Berlin) und großem Zeitverlust beendet, im Mai 1926 die wissenschaftliche Prüfung mit Gut und im September 1927 die pädagogische Prüfung für das Lehramt an höheren Schulen bestanden. Seit dem 2. Juni 1926 bin ich Beamter, seit dem 1. Oktober 1927 Studienassessor, Ostern 1928 wurde ich in die Anwärterliste der preußischen Studienassessoren aufgenommen. Seit 1926 bis zu meiner im vorigen Monat erfolgten Beurlaubung war ich im höheren Schuldienst der Stadt Berlin und zuletzt seit dem Herbst 1934 am Staatlichem Friedrich-Wilhelms-Gymnasium zu Berlin tätig, 1931/32 als deutscher Austauschlehrer am Lycée Henri Wallon zu Valencienne (Frankreich).

Allen Beschwerden zum Trotz, die jedem Amputierten beschieden sind, wie Knotenbildungen der Stumpfmuskulatur, Verdickungen der Nervenendungen, venöse Schmerzen und Stiche, Hautbeschwerden, die besonders im Sommer oft unerträglich sind, wie z. B. Drücken und Wundreiben durch die Prothese und vieles andere mehr, habe ich meinen vollen Dienst getan mit 25 Wochenstunden und bis zu 9 Pausenaufsichten in der Woche. Als ich im Januar 1934 wegen Stumpfbeschwerden einige Zeit vom Dienst fehlen mußte, bin ich schließlich eine Woche lang bei Schnee und Glatteis auf Krücken von Pankow nach Neukölln gefahren, um meinen Dienst zu versehen. Im Herbst 1934 wurde auf Grund amtsärztlicher Nachuntersuchung der Grad meiner Erwerbsbeschränkung wegen erheblicher Verschlimmerung meines Versorgungsleidens von 60 % auf 70 % erhöht. Trotz alledem habe ich die nach dem bekannten Ministerialerlaß bestehenden Erleichterungen für kriegsbeschädigte Lehrkräfte, wie Stundenerlaß, Befreiung von Aufsichten usw., nie in Anspruch genommen. Und als ich im Herbst 1933 den Deutschunterricht aufgeben mußte, da nach einem Ministerialerlaß Nichtarier nicht mehr Deutsch unterrichten dürfen, habe ich neben meinem vollen Schuldienst begonnen, Englisch zu studieren. 4 Semester lang hörte ich an der Universität Vorlesungen, nahm an Übungen teil, bestand die Abschlußprüfung des Englischen Proseminars mit dem Prädikat »gut und besser« und nahm englische Privatstunden, alles zu dem Zweck, um noch die Lehrbefähigung für Englisch zu erwerben und voll dienstfähig zu bleiben. Vom Herbst 1933 bis jetzt habe ich auch lehrplanmäßigen englischen Unterricht erteilt.

Auf Grund des Gesetzes zur Wiederherstellung des Berufsbeamtentums vom 7. April 1933 wurde ich als Frontkämpfer im August 1933 wieder in den Dienst gestellt, jedoch am 2. Juni 1934 mit allen nichtarischen Studienassessoren erneut beurlaubt. Am 9. Juli 1934 hat der Herr Minister für Wissenschaft, Kunst und Volksbildung durch einen Erlaß (A IV Nr. Rubensohn 1a–d) entschieden, dass das Gesetz zur Wiederherstellung des Berufsbeamtentums im Hinblick auf meine schwere Kriegsbeschädigung auf mich keine Anwendung findet, und meine am 2. Juni 1934 erfolgte Beurlaubung wurde aufgehoben.

Wenn ich jetzt auf Grund des Gesetzes vom 15. November und seiner Ausführungsbestimmungen aus dem Amt ausscheiden soll, so trifft mich dieser Schlag aus mehreren Gründen besonders schwer.

1. Mit 39 Jahren zur Untätigkeit verurteilt zu werden, ist wohl für jeden Menschen bitter, für einen Frontkämpfer besonders hart; für einen Schwerkriegsbeschädigten, zumal wenn er wie ich seinen Posten genau wie jeder gesunde Mensch (wenn auch mit erheblich größerem Willenseinsatz und Kräfteverbrauch) ausüben kann, bedeutet es jedoch eine schwere seelische und körperliche Schädigung, denn was dem Schwerbeschädigten (dem Kriegsopfer) über seinen Verlust hinweghilft, ist ja neben dem Gedanken, daß das Opfer für Deutschland gebracht worden ist, vor allem das Bewußtsein, arbeiten zu können und arbeiten zu dürfen, nicht auf Rente und nicht auf Gnade angewiesen zu sein, sondern sein Brot trotz allem selber zu verdienen. Es ist mir ein unerträglicher Gedanke, daß ich vom 1. Januar 1936 ab nichts mehr tun darf. Daß Untätigkeit für einen Beinamputierten aber nicht nur seelisch, sondern auch körperlich eine schwere Schädigung bedeutet, ergibt sich auch aus der Neigung jedes Beinamputierten zur Korpulenz mit allen ihren Folgeerscheinungen. Es gibt für den Beinamputierten (der eben in dieser Beziehung eine besondere Stellung unter den Amputierten einnimmt) nichts Heilsameres als den Zwang zur Arbeit, zur geregelten Tätigkeit. Nimmt man ihm diese, so nimmt man ihm das Beste, ich möchte sagen: Alles. Das Gesetz zum Schutz der Schwerbeschädigten hat sicher den Zweck, den Beschädigten nicht bloß vor materieller, sondern auch vor der oben erwähnten Not zu schützen. Ich weiß nicht, ob ich mit meinen schwachen Worten imstande bin, den Zustand des Schwerbeschädigten zu schildern, aber ich weiß, daß ich zu einem Frontsoldaten spreche.

2. Für mich würde allerdings eine Versetzung in den Ruhestand viel mehr als nur eine Verurteilung zum Nichtstun bedeuten, sie wäre zugleich eine wirtschaftliche Schädigung schwerster Art,

richtiger meine wirtschaftliche Vernichtung, denn als nichtplanmäßiger Beamter beziehe ich kein ruhegehaltsfähiges Gehalt und demzufolge auch bei eintretender Versetzung in den Ruhestand kein daraus abzuleitendes Ruhegehalt (§ 4 der Ausführungsbestimmungen). Ich wäre als auf eine jederzeit widerrufliche Gnadenpension angewiesen. Und das widerstrebt mir als Schwerkriegsbeschädigtem aufs entschiedenste.

3. Ein dritter Grund, warum eine Versetzung in den Ruhestand mich besonders schwer treffen würde, ist die Tatsache, daß ich allen Bemühungen zum Trotz in den Jahren seit 1927 nicht erreichen konnte, als Schwerkriegsbeschädigter eine Studienratsstelle zu erhalten. Meine Hinweise auf meinen Beinverlust, die materielle Unsicherheit und Benachteiligung, das unerträgliche Hin- und Hergeworfenwerden, verbunden mit den langen und schwierigen Schulwegen nach Charlottenburg, Lichtenberg, Neukölln usw. wurden von meinem damaligen höheren Schulbeamten mit dem Satz beantwortet: »Die Stadt Berlin wird Sie nie anstellen, weil Sie schwerkriegsbeschädigt sind.«

Was es für mich bedeutete, nicht angestellt zu sein, erfuhr ich als ich von einer Schule zur anderen geworfen wurde (im Ganzen waren es elf) als mir im September 1931 durch die preußische Sparverordnung 5 Besoldungsjahre gestrichen wurden und ich im Gehalt nicht mehr aufrückte, weil der Stichtag für das Aufrücken der Studienassessoren der 30. September 1927 war, während ich am 1. Oktober 1927 ernannt worden bin, und ich erfahre von allem jetzt, wo mir die Versetzung in den Ruhestand ohne einen Rechtsanspruch auf Ruhegehalt droht. Damit wäre ich dann erheblich schlechter gestellt als ein planmäßiger Beamter, der als Nichtkriegsteilnehmer frühzeitig angestellt und im Jahre 1933 in den Ruhestand versetzt worden ist, abgesehen davon, daß dieser noch im Vollbesitz seiner Glieder und seiner Gesundheit ist, was auf mich leider nicht zutrifft.

Ich glaube nicht zu übertreiben, wenn ich meine Situation, die eines 70 % Schwerkriegsbeschädigten, beinamputierten Beamten ohne Rechtsanspruch auf Ruhegehalt als einen einzigartigen Sonderfall bezeichne.

Solang' ein edler Biedermann
Mit einem Glied sein Brot verdienen kann,
o lang schäm' er sich, nach Gnadenbrot zu lungern!
Doch tut ihm endlich keins mehr gut:
So hab' er Stolz genug und Mut,
Sich aus der Welt hinaus zu hungern.

Diese Worte des deutschen Dichters Gottfried August Bürger spiegeln genau den Zustand des Kriegsbeschädigten: Er will keine Gnadenpension, sondern er braucht Arbeit, Arbeit für den Staat, dem er im Weltkriege seine Glieder und seine Gesundheit geopfert hat. Überall auf Plakaten liest man den Satz: »Arbeitgeber! Denk an den Kriegsbeschädigten. Er gab sein Blut, gib du ihm Arbeit. Es ist deine Ehrenpflicht!«

Zu denen, die ihr Blut und damit ihre Gesundheit hingaben gehöre auch ich. Und darum lege ich die Entscheidung über meinen Sonderfall vertrauensvoll in die Hände des Führers und Reichskanzlers«

Rubensohn wollte sich wohl nicht vorstellen, dass sein »Gegenüber« das drohende Unheil in einer so überwältigenden Form gar noch verstärken sollte. Er konnte das nicht glauben und meinte, dass doch irgendwer das Verständnis und die Vernunft haben müsste, die Tragik mindestens in diesem individuellen Fall zu verstehen, einzufühlen und zu akzeptieren. Damit übersah er, dass solcherlei sozialemotionalen Kategorien nicht zum Konstrukt des Bösen, wie es hier gegeben war, gehörten und unter gar keinen Umständen mitschwangen. Denn so muss man diese Vernichtungswut der Machthaber verstehen und hat man sie kennen gelernt: wie sie nur einen Handlungsstrom ohne Ausnahmen kennt, ohne Sentimentalität gegenüber menschlichen Härten. Das bezeugen die nicht wenigen Fälle, in denen sich wohlmeinende oder sonst wie motivierte Fürsprecher für einzelne Juden in bedrohlicher Lage öffentlich eingesetzt haben, immer wieder vergeblich, auch wenn natürlich nach Göring galt: Wer Jude ist, bestimme ich.

Hat Rubensohn geglaubt, dass sein Gesuch dem »Führer und Reichskanzler« vor Augen kommt? Dachte er, dass die Erklärungen wenigstens jene beeindrucken, die sich damit tatsächlich befassen würden? Offenbar hat Rubensohn seinen Text auch in einer anderen Richtung eingereicht; dafür spricht eine Erwähnung, nicht originale Unterlagen. Die zuständigen Ämter befassten sich mit der Angelegenheit. Um zwei Themen geht es dabei: die Frage nach der »Belassung im Amt« und die nach den Versorgungsleistungen. – Die Abteilung für höheres Schulwesen beim Oberpräsidenten der Provinz Brandenburg sieht am 14. Januar 1936 die Rechtmäßigkeit der Bewilligung von Ruhegehaltsbezügen und empfiehlt die vorläufige Weiterzahlung mit 80 Prozent. Der Abteilungsleiter Otto Zander unterzeichnete diese Verfügung.

Am 7. Februar 1936 erkannte auch der Reichs- und Preußische Minister für Wissenschaft, Erziehung und Volksbildung gegenüber dem Oberpräsidenten einen Anspruch auf lebenslanges Ruhegehalt. Wie das Versorgungsthema weiterging, ist nicht bekannt. Eine Belassung im Amt wurde allerdings als »nicht möglich« gesehen und am 22. Februar 1936 endgültig abgewiesen. – Sämtliche Aktenstücke zierten massenhaft Mitzeichnungsvermerke, womit wieder eine Als-ob-Situation geschaffen wurde. Legalität und Sorgfalt der Befassung mit dieser Angelegenheit schienen dokumentiert, eine Ent-

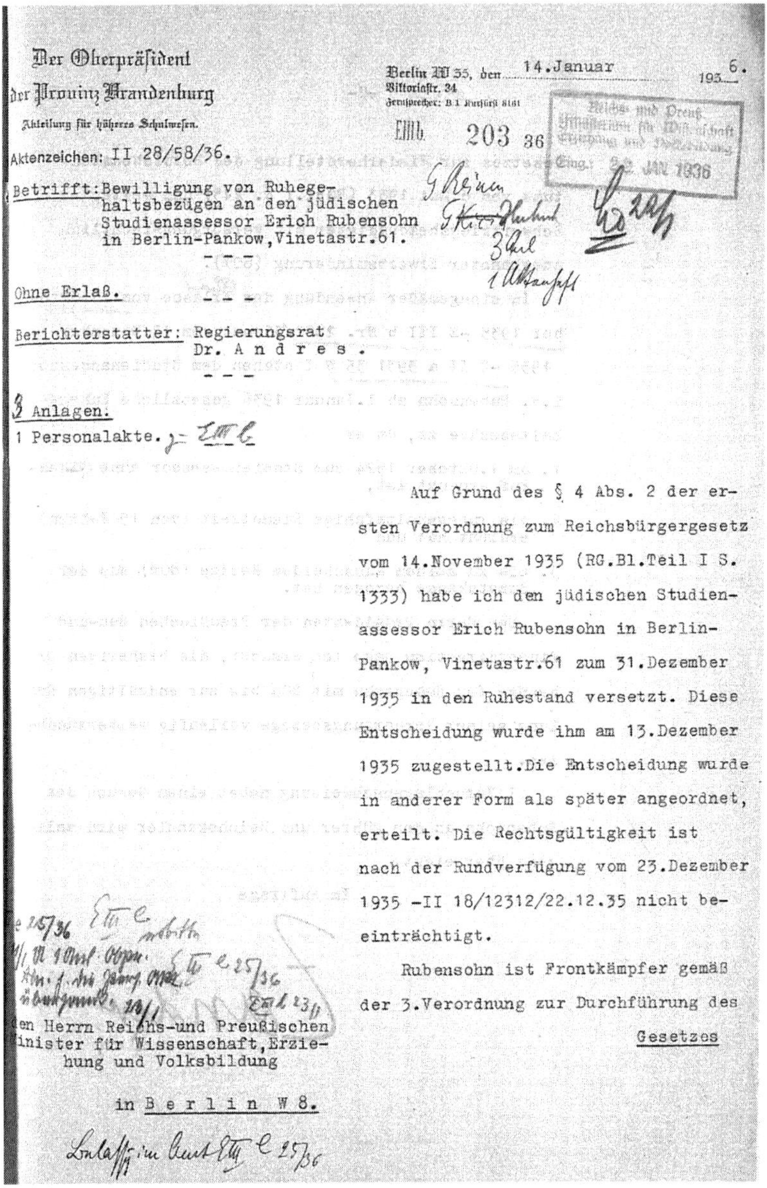

Der Oberpräsident
der Provinz Brandenburg
Abteilung für höheres Schulwesen.

Berlin W 35, den 14. Januar 1936.
Viktoriastr. 34
Fernsprecher: B 1 Kurfürst 8181

Eing.: 22. JAN 1936

EIIIb 203 36

Aktenzeichen: II 28/58/36.

Betrifft: Bewilligung von Ruhegehaltsbezügen an den jüdischen Studienassessor Erich Rubensohn in Berlin-Pankow, Vinetastr. 61.

Ohne Erlaß.

Berichterstatter: Regierungsrat Dr. Andres.

3 Anlagen.
1 Personalakte.

Auf Grund des § 4 Abs. 2 der ersten Verordnung zum Reichsbürgergesetz vom 14. November 1935 (RG.Bl. Teil I S. 1333) habe ich den jüdischen Studienassessor Erich Rubensohn in Berlin-Pankow, Vinetastr. 61 zum 31. Dezember 1935 in den Ruhestand versetzt. Diese Entscheidung wurde ihm am 13. Dezember 1935 zugestellt. Die Entscheidung wurde in anderer Form als später angeordnet, erteilt. Die Rechtsgültigkeit ist nach der Rundverfügung vom 23. Dezember 1935 – II 18/12312/22.12.35 nicht beeinträchtigt.

Rubensohn ist Frontkämpfer gemäß der 3. Verordnung zur Durchführung des Gesetzes

An den Herrn Reichs- und Preußischen Minister für Wissenschaft, Erziehung und Volksbildung
in Berlin W 8.

**Abb. 14** Bearbeitung des Falles durch Otto Zander

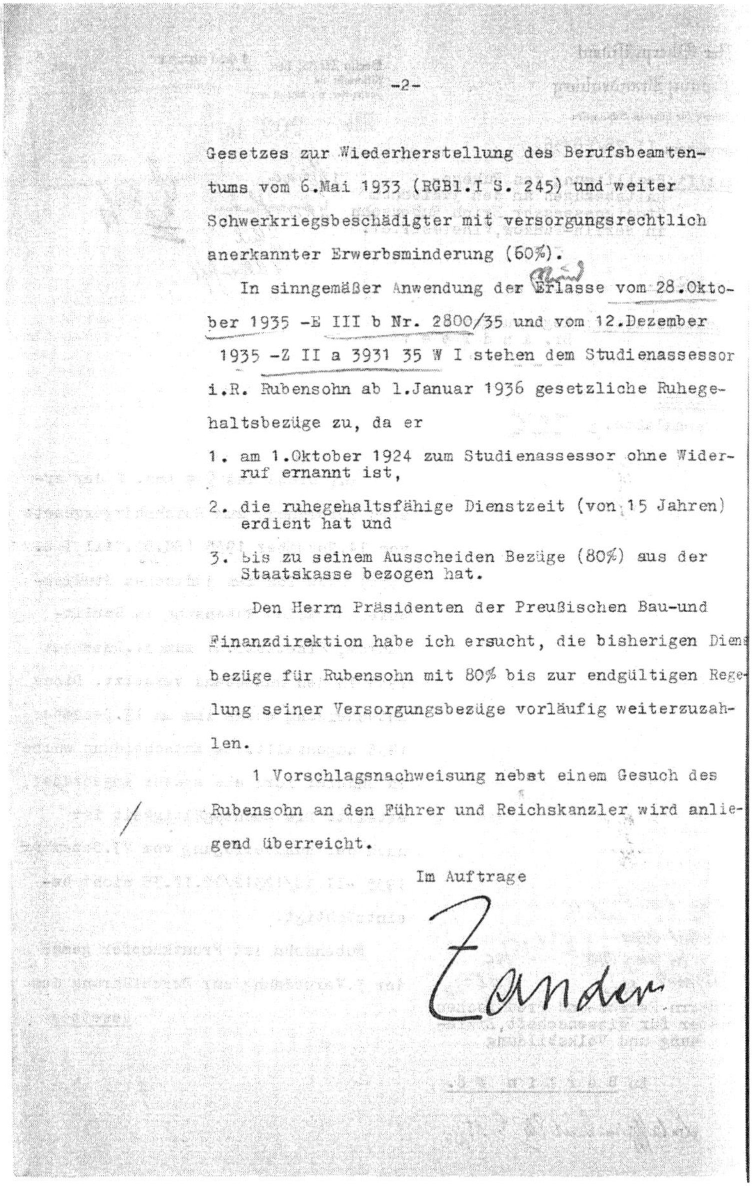

-2-

Gesetzes zur Wiederherstellung des Berufsbeamtentums vom 6.Mai 1933 (RGBl.I S. 245) und weiter Schwerkriegsbeschädigter mit versorgungsrechtlich anerkannter Erwerbsminderung (60%).

In sinngemäßer Anwendung der Erlasse vom 28.Oktober 1935 -E III b Nr. 2800/35 und vom 12.Dezember 1935 -Z II a 3931 35 W I stehen dem Studienassessor i.R. Rubensohn ab 1.Januar 1936 gesetzliche Ruhegehaltsbezüge zu, da er

1. am 1.Oktober 1924 zum Studienassessor ohne Widerruf ernannt ist,
2. die ruhegehaltsfähige Dienstzeit (von 15 Jahren) erdient hat und
3. bis zu seinem Ausscheiden Bezüge (80%) aus der Staatskasse bezogen hat.

Den Herrn Präsidenten der Preußischen Bau-und Finanzdirektion habe ich ersucht, die bisherigen Diens bezüge für Rubensohn mit 80% bis zur endgültigen Regelung seiner Versorgungsbezüge vorläufig weiterzuzahlen.

1 Vorschlagsnachweisung nebst einem Gesuch des Rubensohn an den Führer und Reichskanzler wird anliegend überreicht.

Im Auftrage

Zander

**Abb. 15** Bearbeitung des Falles durch Otto Zander

lastung für das seelische »Heil« der Bearbeiter entstand, als wenn Sitte und Anstand gewahrt würden. Nebenbei ergab sich die Verteilung der Verantwortung auf viele Köpfe und Hände; Betriebsamkeit und Wichtigtuerei kamen hinzu. Die Fähigkeit dazu ist Ausdruck der »Bürgerlichen Kälte« (eine Formel von Adorno und Horkheimer im Rahmen ihrer Kritischen Theorie): eine Bereitschaft, die Differenz zwischen Anspruch und Wirklichkeit zu kennen und wider besseres Wissen zu tolerieren. – Seine Unterrichtstätigkeit sollte Rubensohn an anderer Stelle fortsetzen.

## Sehen, Verstehen, Handeln: oppositionelle Wege, zu wenige

Nur wenige Autoren befassen sich detailliert mit der Schulzeit in der besagten Spanne der dreißiger Jahre. Prominente Skizzen zum Besuch Berliner höherer Schulen stammen von Eric Hobsbawm (Prinz-Heinrich-Gymnasium), Sebastian Haffner (Königstädtisches Gymnasium), Marcel Reich-Ranicki (Fichte-Gymnasium) und Heinrich Scheel (Schulfarm Scharfenberg). Eine Studienrätin, Dr. Elisabeth Schmitz vom Luisen-Oberlyzeum in Berlin-Mitte, kannte die dramatischen Folgen der Machtdurchsetzung auch im Schulwesen. Sie berichtete in ihrer inzwischen bekannt gewordenen »Denkschrift gegen die Judenverfolgung« von 1935/36 darüber. Sie skizzierte die Bilder von Bedrohung, von menschlichen Verlusten, von Perspektivlosigkeit: auch für die Lehrerinnen und Lehrer, für die Schuljugend und die Familien. Sie sah das alles seit 1933 in ihrer Umgebung, fand es in Zeitungen und ihr zugänglichen persönlichen Berichten. »Es gab sogar Stürmerkästen in den Schulen. Es gab auch Lehrer, die den Stürmer für den Unterricht benutzten, sowohl für den nationalpolitischen als für den Religionsunterricht.« Freundschaft mit jüdischen Schülern führte nicht selten zu Bedrohung und Ächtung beider Seiten, auch außerhalb der Schule.[82]

»Es ist würdig und recht«, nicht allein jene Menschen und Vorgänge zu erinnern, die die unheilvollen Seiten dieser Zeit repräsentieren, sondern auch die Außenseiter, die auf eigenen Wegen durch

82 Abt.ltr. Otto Zander setzte sich mit dem Schwarzen Brett der HJ an der ORS Guben auseinander. Mit Blick auf Schüler, die sich nicht von jüdischen Mitschülern distanzierten und auf dem gemeinsamen Schulweg beobachtet wurden, hieß es »Judenknechte, wir wachen«. Zander verlangte die Entfernung des Papiers; solche Zettel seien unerwünscht. Der Hausmeister freilich wollte die Angelegenheit auf den Parteidienstweg bringen. BrandLHArchivPotsdam Rep. 34 Nr. 4575, unpaginiert.

die Dunkelheit gingen. Nachdem schon Lutz van Dick zusammenfassend über oppositionelle Lehrer berichtet hatte, konnte inzwischen ergänzend über Resistenz auf dem Feld von Erziehung und Unterricht geforscht werden.[83] Durch die sich erweiternden Erkenntnisse über »Stille Helden« und den so genannten Rettungswiderstand sind neue Namen bekannt geworden, die nicht allein für die Region Berlin zu benennen sind.[84] Wir sehen die unspektakuläre Wirkungsweise der aus der Kraft der Stille und ohne Aufsehen wirkenden Menschen, die gerade durch ihre Zurückhaltung helfen, Leben retten und trotzdem selbst überleben konnten. Wir sehen eine Anzahl »(Preußischer) Fräulein mit Eigen-Sinn«, mit umfassender Bildung und strikter Wertorientierung, mit Unabhängigkeit, meistens alleinstehend und nur sich selbst und ihren Überzeugungen verpflichtet, die in letzter Zeit mehr von sich reden machen. Zu diesen »Fräulein«, wie sich viele mit Stolz nannten und damit ihren informellen Orden bis in die fünfziger Jahre etikettieren wollten, mit mehr oder weniger ausgeprägtem pädagogischem Hintergrund und christlicher Orientierung, gehören: Elisabeth Abegg (Berlin), Elisabeth Forck (Bremen), Margarethe Frieseke (Eichwalde), Mathilde Gantenberg (Bad Kreuznach), Bertha Gerhardt (Berlin), Elisabet von Harnack (Berlin), Dorothea Hillmann (Marburg), Marion Löffler (Berlin), Frieda Löhnert (Frankfurt am Main), Lina Meyer-Kulenkampff (Berlin), Marga Meusel (Berlin), Luise

83 *Lutz van Dick*, Oppositionelles Lehrerverhalten 1933–1945. Biographische Berichte über den aufrechten Gang von Lehrerinnen und Lehrern, Weinheim/München 1988.

84 *Beate Kosmala/Claudia Schoppmann* (Hg.), Überleben im Untergrund. Hilfe für Juden in Deutschland 1941–1945, Berlin 2002; *dies.* (Hg.), Sie blieben unsichtbar. Zeugnisse aus den Jahren 1941 bis 1945, Berlin 2006; Berliner Gedenkstätte Stille Helden. Umfassend *Hans-Rainer Sandvoß*, Schriftenreihe über den Widerstand in Berlin 1933–1945, *Gedenkstätte Deutscher Widerstand* (Hg.), Berlin (vielteilige Reihe, überschaut alle Teilregionen Berlins); *Barbara Schieb/Jutta Hercher* (Hg.), 1938. Warum wir heute genau hinschauen müssen, München 2018.

Rehling (Hagen), Helene Rothländer (Koblenz), Elisabeth Schiemann (Berlin), Elisabeth Schmitz (Berlin), Margarethe Sommer (Berlin), Katharina Staritz (Breslau), Christine Teusch (Köln), Elisabeth von Thadden (Heidelberg), Margarethe Thimmen (Bremen), Agnes von Zahn-Harnack (Berlin) und andere.[85] Ehrentafeln und Straßennamen sorgen dafür, dass die Namen einiger Frauen nicht vergessen sind. Andere sind und bleiben sehr wohl präsent, weil sie nach dem Krieg Verantwortung in kulturellen oder politischen Tätigkeitsfeldern übernommen haben.

Für Berlin sind Elisabeth Abegg und Elisabeth Schmitz in jüngster Zeit klarer in den Blick gerückt. Trotz Not, Unrecht und Gefahr haben sie es geschafft, ihre grundsätzlichen Vorstellungen von Menschlichkeit zu bewahren. Beide waren Studienrätinnen am Luisen-Oberlyzeum in Berlin-Mitte, Ziegelstraße 18. Abegg war aus Straßburg über Leipzig nach Berlin gekommen.[86] Sie erhielt eine Stelle an dieser höheren Mädchenschule, wo sich liberaler Geist und sozialdemokratische Werte namentlich durch die Schulleiterin Margarete Behrens unter die konservative Tradition mischten. Mit ihren Schülerinnen, darunter zahlreiche jüdische Mädchen aus der »Spandauer Vorstadt«, entwickelte sie kritisches und eigenverantwortliches Denken und Lernen. Abegg musste 1933 der versetzten Schulleiterin und dem OStR Dr. Martin

---

85 Siehe auch *Manfred Gailus/Clemens Vollnhals*, Mit Herz und Verstand. Protestantische Frauen im Widerstand gegen die NS-Rassenpolitik, Göttingen 2013; *Florence Hervé* (Hg.), Mit Mut und List. Europäische Frauen im Widerstand gegen Faschismus und Krieg, Köln 2020.

86 Elisabeth Abegg, geboren 1982 in Straßburg, gestorben am 8.8.1974 in Berlin, Tochter des Offiziers und Juristen Friedrich Abegg, Studium der lateinischen und französischen Philologie, Promotion 1916 in Leipzig, 1924 Studienassessorin, seit 1927 an der Luisenschule in Berlin. Abegg, Cousine des Staatssekretärs im preußischen Innenministerium Wilhelm Abegg, der durch Franz von Papen am 20.7.1932 entlassen wurde, war Quäkerin, kannte von Jugend an Elly Heuss-Knapp und stand dem Naumann-Kreis nahe.

Deutschkron zunächst nicht folgen, obgleich sie bereits im Blickfeld der Beobachtung stand.[87]

Später wurde sie von ihrer Oberschulrätin Hedwig Thöne »aus Sicherheitsgründen« an das Rückert-Gymnasium in Berlin-Schöneberg versetzt, 1941 schließlich in Folge von Denunziation entlassen. Abegg wirkte in mehreren wichtigen Arbeitskreisen mit und entwickelte ein Rettungsnetzwerk für Bedrohte und Verfolgte: mit Verstecken, materieller Hilfe, Mittagstisch, Schulstunden für Kinder ohne Unterricht, auf dem Polizeirevier entwendetem Dienstsiegel für neue Dokumente und vielen anderen tatkräftigen und phantasievollen Aktivitäten.[88] Es wurden gefährdete Menschen in der Dreieinhalbzimmer-Wohnung in Berlin-Tempelhof versteckt, Geld und Lebensmittelkarten gesammelt und Schmuck versetzt, der hier bereits bekannte Schüler Jizchak Schwersenz in seiner Fluchthilfearbeit unterstützt. Es sind vielleicht 80 Menschen, die von ihr gerettet wurden. Elisabeth Abegg gehört heute zu den »Gerechten unter den Völkern« nach dem Verständnis von Yad Vashem. Auf andere verdienstvolle »Preußische Fräulein« aus der illegalen Hilfe für Verfolgte außerhalb der Pädagogik kann hier nicht weiter eingegangen werden: Margarete Sommer, Gertrud Staewen, Elisabeth Schiemann, Marga Meusel und andere Frauen.[89]

Gleichfalls im Luisen-Oberlyzeum unterrichtete die Studienrätin Dr. Elisabeth Schmitz. Sie war aus Hanau gekommen, hatte 1915 bis 1921 bei Friedrich Meinecke und Adolf von Harnack an der

87 Der jüdische OStR Dr. Martin Deutschkron war der Vater der Publizistin *Inge Deutschkron*, Ich trug den gelben Stern, Köln 1978, div. Auflagen. *Margot Friedlander* mit *Malin Schwerdtfeger*, »Versuche, dein Leben zu machen«. Als Jüdin versteckt in Berlin, Reinbek bei Hamburg 2010.

88 Siehe dazu *Martina Voigt*, Grüße von »Ferdinand«. Elisabeth Abeggs vielfältiger Einsatz für Verfolgte, in: *B. Kosmala/Cl. Schoppmann*, Sie blieben unsichtbar, wie Anm. 84; 104–115.

89 *Marlies Flesch-Thebesius*, Zu den Außenseitern gestellt. Die Geschichte der Gertrud Staewen 1894–1987, Berlin 2004.

Friedrich-Wilhelms-Universität in Berlin studiert und 1921 die Lehrberechtigung für Religion, Geschichte und Deutsch erhalten.[90] Nach vielen wechselnden Einsätzen – sie kannte Hildegard Wegscheider, Fritz Karsen, Kurt Löwenstein aus ihrer Zeit in Berlin-Neukölln – kam Schmitz 1929 an diese höhere Mädchenschule in Berlin-Mitte.[91] Ähnlich wie Elisabeth Abegg, wohl nicht so listig und tatkräftig, aber mit viel Risikobereitschaft, kümmerte sie sich um gefährdete Menschen.[92] Auch sie konnte von ihrer Schulrätin vor den Umstürzen von 1933 bewahrt werden, nicht aber 1935 vor der Versetzung »aus Sicherheitsgründen« an die Auguste-Sprengel-Schule in Berlin-Lankwitz.[93]

---

90 Elisabeth Schmitz (23.8.1893 – 10.9.1977) war Tochter eines Gymnasialprofessors in Hanau. Ihr Leben war lange Zeit der Öffentlichkeit unbekannt. Erst 1999 wurde ihre Biographie durch Dietgard Meyer in Erinnerung gerufen, vor allem wegen ihrer Autorenschaft der aus heutiger Sicht sensationellen »Denkschrift gegen die Judenverfolgung von 1935/36«. *Dietgard Meyer, Elisabeth Schmitz*, »Zur Lage der deutschen Nichtarier«, in: *Hannelore Erhart/Ilse Meseberg-Haubold/Dietgard Meyer*, Katharina Staritz 1903–1953. Dokumentation Bd. 1. Mit einem Exkurs Elisabeth Schmitz, Neukirchen-Vluyn [2]2002, 185–269. Der Text der Denkschrift ist inzwischen auch in: *Manfred Gailus* (Hg.), »Mir aber zerriss es das Herz«. Der stille Widerstand der Elisabeth Schmitz, Göttingen [2]2011, 223–252 und anderen Publikationen zu finden.

91 Die sozialdemokratisch orientierte Schulleiterin Margarete Behrens war zu Anfang der zwanziger Jahre von Hildegard Wegscheider (SPD) gegen erheblichen Widerstand von konservativer Seite durchgesetzt worden und konnte an diesem Ort ein relativ liberales Klima schaffen, einen Rahmen für reformpädagogisch-demokratische Auffassung von Lehren und Lernen. BArchivBerlin R 4901 Nr. 6053: »Louisenschule, Januar 1895 bis November 1938«, in den Anfängen für das Ministerium der geistlichen, Unterrichts- und Medizinalangelegenheiten zusammengestellt, eine wertvolle, exemplarische Aktendokumentation: Schulgeschichte als Gesellschaftsgeschichte.

92 Eine teilbiographische Studie zum Leben und Wirken von Elisabeth Schmitz im Schuldienst siehe bei *Rolf Hensel*, An der höheren Schule Preußens in gefährlichen Zeiten. Die Studienrätin Elisabeth Schmitz auf dem »Weg des Unbedingten« (1921–1938), in: *Berlin in Geschichte und Gegenwart. Jahrbuch des Landesarchivs Berlin*, 2008, 151–214, hier 172f.

93 Heute Beethoven-Oberschule (Gymnasium) in Berlin-Lankwitz. Dort wurde Dietgard Meyer Ende der dreißiger Jahre Schülerin von Schmitz, später Vertraute und Freundin. *R. Hensel*, An der höheren Schule Preußens, wie Anm. 92; 186f.

Noch wichtiger als die Unterrichtsarbeit war ihr Wirken in der Bekennenden Kirche und ihre Korrespondenz mit prominenten Seelsorgern und Theoretikern der Evangelischen Kirche wie Karl Barth und Helmut Gollwitzer,[94] ganz besonders aber ihre bereits erwähnte »Denkschrift gegen die Judenverfolgung« von 1935/36, die sie in 200 Exemplaren herstellte und anonym an kirchliche Stellen reichte, verbunden mit dem nachdrücklichen Appell, sich öffentlich gegen die sich ausformende Gewaltherrschaft zu positionieren. Vergeblich: Zu einem offenen Bekenntnis gegen Gewalt und Verfolgung kam es nicht. Der suggestiven Wirkung des Bildes aus dem Lukas-Evangelium vom Palmsonntag, »Wo diese schweigen, werden die Steine schreien« (19; 28–40), kann sich niemand entziehen, und Schmitz stellt es in den Mittelpunkt ihrer drei Briefe an Helmut Gollwitzer, ihrer Reaktion auf dessen mutige Dahlemer Bußtagspredigt vom 16. November 1938. Dieser hatte auf die Schrecken der vorwöchentlichen Reichspogromnacht Bezug genommen; ein äußerst seltener Vorgang in jenen Tagen seitens Personen des öffentlichen Lebens.

*Wege durch die Barbarei.* Wir sehen Menschen auf unterschiedlichen Wegen durch die sich ausbreitende Barbarei. Wir begegnen Marion Löffler. Sie war aus der Schule von Fritz Karsen gekommen und in der Auguste-Sprengel-Schule nicht nur wegen ihres modernen Outfits, sondern wegen ihrer Lebendigkeit und der schülerzentrierten Arbeitsmethoden beliebt. Viel erzählte sie aus ihrer Neuköllner Zeit und der Arbeit an der Karl-Marx-Schule (ab 1933 wieder Kaiser-Friedrich-Realgymnasium).[95] Kurt Steffelbauer, dem oppo-

---

94 *Dietgard Meyer*, »Wir haben keine Zeit zu warten.« Der Briefwechsel zwischen Elisabeth Schmitz und Karl Barth in den Jahren 1933–1966, in: *Kirchliche Zeitgeschichte*, Jg. 22, 2009, Heft 1, 328–374.

95 Ihr Ehemann geriet in die Fänge der Staatsmacht. Marion machte sich »hübsch« (O-Ton), ging zu dem zuständigen Gestapo-Mann und nicht eher wieder fort, bis sie einen Passierschein für Hans Löffler hatte. Der erkannte auf dem Bahnhof seine »aufgebrezelte« Frau nicht wieder.

sitionellen Volksschullehrer, konnte nicht mehr geholfen werden. Er wurde hingerichtet. Marion Löffler ging nach dem Krieg als »alte Sozialistin« in den Ostteil der Stadt und durchlebte 40 Jahre dieses besonderen Sozialismus.[96]

Wir sehen diese Menschen auf Kreuzwegen und Wegen, die wie ein »Ritt über den Bodensee« anmuten, auch auf Wegen in das persönliche Verderben, wie der von großartigen Frauen der Berliner Schule, welche von den Nationalsozialisten in den Untergang getrieben wurden: Clara Grunwald, Lydia Stöcker, Sophie Friedländer, Nelly Wolffheim oder die Leiterin der Theodor-Herzl-Schule Paula Fürst.[97] Dr. Margarethe Frieseke von der Luisenschule, auch auf der Gedenktafel des Luisen-Oberlyzeums genannt, geriet in Gestapohaft, durfte weiterleben und -arbeiten, wurde nach 1945 in Eichwalde am östlichen Stadtrand Berlins Leiterin des Humboldt-Gymnasiums und von der DDR ein zweites Mal abgestraft für ihren neuerlichen aufrechten Gang und kritischen Sinn. Sie wurde trotz ihrer »antifaschistischen« Vorgeschichte entlassen: wie so manche »doppelt verfolgt«. Nur wenige dieser »Stillen Helden« können an

96 Persönliche Mitteilung von Gerd Radde (1924–2009), Pädagoge, Bildungshistoriker, Biograph von Fritz Karsen; *Gerd Radde*, Fritz Karsen, Ein Schulreformer der Weimarer Zeit, Frankfurt am Main 1999; *ders.*, Schulreform – Kontinuitäten und Brüche, Bd. 2, 231–233, 301; *Heidrun Joop/Walter Frey*, Kurt Steffelbauer. Ein Berliner Lehrer im Widerstand gegen den Nationalsozialismus, Berlin 2019; *Hans-Rainer Sandvoß*, Widerstand in Neukölln, Berlin 1990.

97 *I. Hansen-Schaberg/Chr. Ritzi*, Pädagoginnen, 2004, wie Anm. 64; *Marion Klewitz*, Lehrerinnen in Berlin, in: *B. Schmoldt*, Pädagogen in Berlin, wie Anm. 63; 141–162. Allgemein zum Lehrerinnenleben: *Britta Lohschelder*, »Die Knäbin mit dem Doktortitel«. Akademikerinnen in der Weimarer Republik, Pfaffenweiler 1994; *Claudia Huerkamp*, Bildungsbürgerinnen. Frauen im Studium und in akademischen Berufen, Göttingen 1996.

dieser Stelle genannt werden.[98] Schließlich noch zu einem wenig genannten Mann in den Rückblicken auf oppositionelle Pädagogen: Heinrich Scheel. Der Handwerkersohn und Schüler von der Schulfarm Scharfenberg, deren reformpädagogische Arbeitsweise ihn zwischen 1929 und 1933 prägte, fand Anschluss an die »Rote Kapelle« von Arvid Harnack und Harro Schulze-Boysen und entging nur knapp dem Todesurteil durch das Reichskriegsgericht.[99]

Nach den Pogromen im November 1938 war Elisabeth Schmitz nicht mehr eine Frau für Erziehung und Unterricht in den Schulen des »Dritten Reiches«. Der 9. November 1938 war ihr letzter Unterrichtstag.[100] Und wieder wurde diese Lehrerin von ihrem Schulamt beraten, trat Hedwig Thöne auf. Pensionierung statt Hinwerfen war die Formel. Sie ließ sich folgsam krankschreiben, nutzte dieses bürgerliche Ausstiegsmodell. Am 31. Dezember 1938 stellte sie schließlich den Antrag auf Pensionierung:

98 *Wolfgang Keim* (Hg.), Pädagogen und Pädagogik im Nationalsozialismus. Ein unerledigtes Problem der Erziehungswissenschaft, 1991; *ders.*, Erziehung unter der Nazi-Diktatur, Darmstadt 2005. – Für die katholische Seite erinnern wir an Dr. Magarete Sommer, die Leiterin des Hilfswerks im Bistum Berlin, siehe *Wolfgang Knauft*, Unter Einsatz des Lebens. Das Hilfswerk beim Bischöflichen Ordinariat Berlin für katholische »Nichtarier« zwischen 1938 und 1945, Berlin 1988; *ders.*, Konrad von Preysing, Anwalt des Rechts. Der erste Berliner Kardinal und seine Zeit, Berlin 1998; *Jana Leichsenring*, Die katholische Kirche und »ihre Juden«. Das Hilfswerk beim Bischöflichen Ordinariat Berlin 1938–1945, Berlin 2007.

99 Heinrich Scheel (geb. 11.12.1915), Soldat, Zuchthaus, Aschendorfer Moorlager und Bewährungsbataillon, Lehrer und 1947–1949 Leiter auf Schulfarm Insel Scharfenberg, 1949 Entlassung wegen seiner SED-Mitgliedschaft, viele Jahre Vizepräsident der Akademie der Wissenschaften der DDR, 1980 bis 1990 Präsident der Historikergesellschaft, gest. 7.1.1996 in Berlin. – *Heinrich Scheel*, Schulfarm Insel Scharfenberg, Berlin 1990; *ders.*, Vor den Schranken des Reichskriegsgerichts. Mein Weg in den Widerstand, Berlin 1993; *Johannes Tuchel*, Das Ministerium für Staatssicherheit und die Widerstandsgruppe »Rote Kapelle« in den 1960er Jahren, in: *ders.* (Hg.), Der vergessene Widerstand. Zu Realgeschichte und Wahrnehmung des Kampfes gegen die NS-Diktatur, Göttingen 2005, 232–270; zudem persönliche Mitteilungen seitens der Ehefrau Edith Scheel und Gerd Radde, die lange Zeit untereinander im Austausch standen.

100 Auguste-Sprengel-Schule, Jahresbericht für das Schuljahr 1938/39.

»Ich befinde mich seit Monaten in einer zunehmenden inneren Unruhe und in starken seelischen Spannungen. Hierzu darf ich auf das in der Anlage beigefügte Attest verweisen. Es ist mir in steigendem Maße zweifelhaft geworden, ob ich den Unterricht bei meinen rein weltanschaulichen Fächern – Religion, Geschichte, Deutsch – so geben kann, wie ihn der nationalsozialistische Staat von mir erwartet und fordert. Nach immer wiederholter eingehender Prüfung bin ich schließlich zu der Überzeugung gekommen, daß das nicht der Fall ist.«[101]

Man akzeptierte das, pensionierte diese Lehrerin und zahlte die reguläre Pension für eine 45-Jährige, 61 Prozent des Gehalts. Danach ging sie noch das Risiko ein, Menschen zu verbergen die ihr nahestanden, teils in ihrer Wohnung in der Luisenstraße 67, teils in ihrem Wochenendhäuschen in Wandlitz im Norden von Berlin. Nach der Ausbombung 1943 zog sie sich zu ihrer Familie in Hanau zurück und nahm dort nach 1945 die pädagogische Arbeit wieder auf, ohne in besonderer Weise über ihre Geschichte zu sprechen.[102] Inzwischen gehört auch Elisabeth Schmitz zu den »Gerechten der Völker« in Yad Vashem.

Man will in Ansätzen verstehen, wie es zu solcherart individueller Bekennerbiographien kam und blickt auf die psychologischen Grundlagen von Menschen, deren Verhalten von Widerdenken und Widerstreben spricht wie im Falle dieser Lehrerin. Unabdingbar ist eine einfühlsame Wahrnehmung der Lage anderer Menschen, besonders im Falle von Bedürftigkeit und Leid, eine fürsorgliche und

---

101 Hessisches Hauptstaatsarchiv Wiesbaden Abt. 650/B Nr. 8008 sowie Abt. 504 Nr. 733 Bl. 165–191; *D. Meyer*, Schmitz, wie Anm. 90; 206.

102 Elisabeth Schmitz starb am 10.9.1977 in Offenbach am Main. Ihre Rolle in der NS-Zeit blieb für lange Zeit vergessen, bis ihre Schülerin Frau Pfarrerin Dietgard Meyer auf ihre Autorenschaft von 1935/36 hinwies, siehe Anm. 90.

hilfsbereite Grundeinstellung, der das Wohlergehen anderer Menschen wichtig ist und die Übernahme von Verantwortung dafür, eine grundsätzliche Bereitschaft, Entscheidungen und Verhaltensweisen an Prinzipien und Überzeugungen zu orientieren.[103] Ohne diese Komponenten des Fühlens und Wollens gibt es kein Mahnen und Helfen und keine Unbedingtheit im »Ich nicht«. Bis zum Handeln jedoch bleibt ein weiter, voraussetzungsreicher Weg.

103 Exemplarisch *Ervin Staub*, The Psychology of Bystanders, Perpetrators, and Heroic Helpers, in: *Leonard Newman/Ralph Erber* (Hg.), Understanding Genocide. The Social Psychology of the Holocaust, Oxford 2002, 11–42; *ders.*, The Roots of Evil. The Origins of Genocide and other Group Violence, Cambridge [17]2006; *Klaus Theweleit*, Das Lachen der Täter: Psychogramm der Tötungslust, Wien 2015. – Exemplarisch für nicht-pädagogisches Engagement im Widerstand siehe *Reiner Nürnberg/Ekkehard Höxtermann/Martina Voigt* (Hg.), Elisabeth Schiemann (1881–1972). Vom Aufbruch der Genetik und der Frauen in den Umbrüchen des 20. Jahrhunderts, Rangsdorf 2014; darin *Martina Voigt*, Elisabeth Schiemanns Bekenntnis und Widerstand im Nationalsozialismus, 315–342; *Christa Niedobitek/Fred Niedobitek/Eberhard Sauerteig*, Rhoda Erdmann, Else Knake. Naturwissenschaftliche Forschung in Zeiten von Krieg und Diktatur, Lage 2017; *Manfred Gailus*, Friedrich Weißler. Ein Journalist und bekennender Christ im Widerstand gegen Hitler, Göttingen 2017.

## »Loyale Widerwilligkeit«, Aufrecht im Zwielicht

Hedwig Thöne rückt in den Blick.[104] Thöne übernahm 1941 in Personalunion das Amt einer Oberschulrätin und der Oberin an der Königin-Luise-Stiftung in Berlin-Dahlem (1941–1956), wo sie schon seit Jahren im Kuratorium mitwirkte. An dieser Einrichtung mit evangelischem Verständnis war sie (auch) »zu Hause«. Hier setzte sie ihre Art zu wirken fort. Sie balancierte alle Widersprüche aus, die man sich nur vorstellen kann:[105] die Erziehung von Rittergutstöchtern aus Brandenburg, Töchter von hohen SS-Offizieren aus dem fernen Ostpreußen, jene des Pfarrers Martin Niemöller aus der Bekennenden Kirche Dahlems, von Außenminister Joachim Ribbentrop und Finanzminister Ludwig Johann Graf Schwerin von Krosigk, die quasi heimliche Beschulung »jüdisch-mischblütiger Kinder« bis 1941.[106] Hedwig Thöne

---

104 Hedwig Thöne (11.1.1887 in Wesel – 25.2.1916 in Berlin), Wissenschaftliche Prüfung, 1.4.1916 Assessorin, Mitarbeiterin im Provinzialschulkollegium, weiterhin: Studienrätin in Köln, beurlaubt für das PSK in Breslau, 1.7.1923 Oberschulrätin in Breslau, OSchR in Berlin. – *Christian Ritzi/Ulrich Wiegmann* (Hg.), Behörden und pädagogische Verbände im Nationalsozialismus. Zwischen Anpassung, Gleichschaltung und Auflösung, Bad Heilbrunn 2004. Zu Thöne auch in: *Gerhard Kluchert* u.a., Politisierung der Schulaufsicht? Die Abteilung für höheres Schulwesen beim Oberpräsidenten der Provinz Brandenburg und ihre Praxis in der Zeit des Nationalsozialismus, in: *Ch. Ritzi/U. Wiegmann* (Hg.), Behörden, 145–174; *Königin-Luise-Stiftung*, Festschrift zum 175-jährigen Bestehen der Königin-Luise-Stiftung. Königin-Luise-Stiftung 1811–1986, Berlin 1986; *Dies.*, KLS-Journal 1997, Berlin.

105 Zusammen mit Juliane Freiin von Bredow, der Direktorin von 1936 bis 1945 auf Empfehlung von Hedwig Thöne, ihrerseits NSDAP-Mitglied seit 1932 und seit 1934 Mitglied der Bekennenden Kirche; Königin-Luise-Stiftung, KLS-Journal 1997, Berlin.

106 Die lebenslange Übung dieser Frau, konkrete hilfreiche Politik für Menschen zu gestalten, wird durch ihre wirtschaftliche Förderung der Dahlemer Stiftung in Notzeiten um 1950 gespiegelt, als die Rittergutstöchter verschwunden waren und Thöne durch die Nutzung von Mitteln aus der Umgebung von Konrad Adenauer und Hermann Ehlers helfen konnte.

brachte alles unter einen Hut und half vielen so unterschiedlichen Menschen und in vielen unübersichtlichen Lagen und ging ihren eigenen Weg »Aufrecht im Zwielicht«. Ihr Wirken reichte bis tief in die fünfziger Jahre.

In der Entnazifizierungsakte (ENS) wird ihr bescheinigt, dass sie »ein Musterbeispiel der Aktivistin gegen den Nationalsozialismus [war]. Nachdem damals ihre Anmeldung zur Partei durch den Stadtpräsidenten Lippert persönlich erfolgt war, hat sie von vornherein schriftlich jede Mitarbeit für die Partei abgelehnt. Sie hat sich in der Folgezeit als der gute Engel aller derjenigen erwiesen, die unter den Übergriffen und Ungerechtigkeiten des Nazi-Systems zu leiden hatten. Insbesondere hat sie nichtarischen Lehrern und Schülern in kluger und grosszügiger Weise geholfen.« 120 Unterschriften bestätigen Mut und Unerschrockenheit.[107] Freilich nützte ihr das als ehemaligem Parteimitglied im Jahr 1946 nicht viel. Zunächst gab sie noch Nachhilfestunden, zum Beispiel der Schwester von Hanna-Renate Laurien, der späteren Pastorin der Berlin-Spandauer Nikolai-Kirche, Lona Kutzer-Laurien. In der nämlichen Zeit war Hanna-Renate Platzanweiserin in den Zehlendorfer Rex-Lichtspielen Unter den Eichen.[108]

Wir blicken auf einen Menschen, der nicht so bedingungslos eine distanzierte Position vertrat, irgendwann schließlich auch das Parteiabzeichen an der Jacke oder in der Tasche hatte (erst 1940), sich aber gleichwohl auf eigene Weise »aufrecht« hielt.[109] Hedwig Thöne sagte nicht »Ich nicht«, und sie wollte zum Beispiel Elisabeth

107 Landesarchiv Berlin C Rep. 031–02–12 Nr. 107, unpaginiert.

108 Persönliche Mitteilung von Dr. Dr. h.c. Hanna-Renate Laurien, Kultusministerin in Rheinland-Pfalz 1976–1981 und Schulsenatorin in Berlin 1981–1989; sie selbst war konvertierte Katholikin.

109 Hedwig Thöne: Eintritt NSLB 1.1.1936, NSDAP 1.4.1940. BArchivBerlin, ehem. BDC-Kartei.

Schmitz erst einmal zum Bleiben bewegen. Wie richtig oder falsch lagen die Thönes damit, mit dieser »loyalen Widerwilligkeit« oder »widerwilligen Loyalität« im Amt, mit diesen gleichgeschalteten Bildern nach außen und den Freiräumen im Nahbereich für Menschlichkeit und Solidarität?[110] Hedwig Thöne: eine weitere vergessene Biographie aus dunkler Zeit.[111] Aber man versteht in Umrissen, wie Elisabeth Schmitz »durchkam« und welche Menschen und Umstände den Fall auf ein Gleis geschoben hatten, das nicht im Lager endete.[112]

Die Bremsspuren der traditionellen Arbeitsweise in der preußischen Bildungsverwaltung reichten bis tief in die dreißiger Jahre, und der Zug der dortigen Bildungsakteure schob lange Zeit manche Hindernisse vom Gleis. Auch das Wirken von Thönes Kollege Prof. Dr. Walter Hübner, der als Einziger mit ihr zusammen das komplette »Dritte Reich« in der Schulverwaltung durchlebte, muss zu den eher wenig Belasteten in dunkler Zeit gerechnet werden, was dem Betrachter nicht allein der »Persilschein« von Jens Nydahl signalisiert. Wie bei Hedwig Thöne gab es einen späten Parteibeitritt am 1. Januar 1940, womöglich ohne sein Zutun. Damit diente Hübner drei Systemen: der Weimarer Zeit, dem NS-Apparat und der Bun-

110 *Klaus-Michael Mallmann/Gerhard Paul*, Resistenz oder loyale Widerwilligkeit? Anmerkungen zu einem umstrittenen Begriff, *Zeitschrift für Geschichtswissenschaft ZfG*, Jg. 41, 1993, Heft 2, 96–116. Dabei geht es (auch) um die Weite und Enge des von Martin Broszat eingeführten Begriffs der »Resistenz« und seine Auswirkungen auf den Widerstandsdiskurs. *Dies.*, Allwissend, allmächtig, allgegenwärtig? Gestapo, Gesellschaft und Widerstand, in: *ZfG*, Jg. 41, 1993, Heft 11, 984–999.

111 Die einzige Oberschulrätin Berlins im »Dritten Reich«, Hedwig Thöne, wohnte in Berlin-Lichterfelde. Sie verstarb am 11.6.1962 und hat auf dem Parkfriedhof Berlin-Lichterfelde ihre Ruhestätte.

112 Der OStD Lina Meyer-Kulenkampff vom Augusta-Oberlyzeum (heute Sophie-Scholl-Oberschule in der Schöneberger Elßholzstraße) konnte Thöne nicht helfen, als diese 1934 den Eid auf Hitler verweigerte und aus dem Dienst ausschied.

desrepublik Deutschland.[113] 1945 kam es zur Entlassung; der Entnazifizierungsprozess zog sich hin und im Dezember 1948 fungierte er als Mitbegründer der Freien Universität Berlin.

Auch im Umfeld von Otto Zander, dem Abteilungsleiter beim Oberpräsidenten, altem Pg. von 1928 und Mitbegründer der Berliner Sektion des NSLB, erkennen wir Streifen eines weniger kalten Lichts über dem Terrain des Unheils, in dem sich auch seine Abteilung bewegte. Selbst unzweifelhaft linientreu (siehe die Äußerungen zur Rasse und zur Ehre des richtigen Blutes und seine Belehrungen vor Publikum zum selben Thema im Verlauf von Schulrevisionen),[114] gehen doch in keinem bekannten Fall von ihm Verschärfung und Zuspitzung aus; Eifern und Hetzen im Amt waren ihm fremd. Wenn Zander bei den wichtigtuerischen Beschwerden und Denunziationen hinzutrat, auch bei den gespreizten Angriffen der NS-Funktionäre, dann kam Ruhe ins Spiel. Dann gab es Rückfragen, Bitten um Präzisierung, Hinweise auf entlastende Momente, Zurückweisungen (»alberne Vorwürfe, offensichtlich unbegründet«): Bürokratismus zu Gunsten der Schulpraktiker in Bedrängnis, allerdings nicht immer, wenn ab und an dem Eifer des Systems Rechnung getragen werden musste (siehe »die Kunze aus Frankfurt/O.«). Das Amt befürwortete unter seiner Leitung relativ oft finanzielle Sonderregelungen, zum

---

113 Prof. Dr. Walter Hübner (14.1.1884 – 1.3.1970), Anglist und Didaktiker, 1919 Schulaufsichtsdienst in Berlin, 1923 Oberschulrat beim PSK, führender Englisch-Didaktiker der Weimarer Zeit, später zusammen mit Hedwig Thöne in der Abt. Höhere Schulen. Publikationen zur Didaktik des Englischunterrichts. Mitbegründer der Freien Universität FU Berlin am 4.12.1948, danach Direktor des Englisch-Amerikanischen Instituts bis 1954. *Manfred Scheler* (Hg.), Berliner Anglistik in Vergangenheit und Gegenwart 1810–1985, Berlin 1987, 66–68; *Frank-Rutger Hausmann*, Anglistik und Amerikanistik im »Dritten Reich«, Frankfurt am Main 2003, 200–206, 472f; LArchiv-Berlin, ENS-Akte von 1948. NSDAP-Mitgliedsnummer 7.384.068.

114 BrandLHArchivPotsdam Rep. 34 Nr. 4424, vgl. *G. Kluchert*, Politisierung der Schulaufsicht, wie Anm. 104; 159f.

Beispiel die eines totalitären Staates würdige Konstruktion des »Gnadenruhegehalts«[115].

Auch stellte sich das Amt im Einzelfall stur bei Protektion durch die NSDAP und ihrem »Alte-Kämpfer-Gehabe«[116]. Freilich muss man offenlassen, auf welche Weise sich Elemente von Menschlichkeit und Gerechtigkeit mit Selbstschutz durch Selbstbehauptung und Rechthaberei vermischen.[117] In das Karussell von politisch motivierter Aufdeckung und Verfolgung schien sich dieses Amt aber nicht eingefügt zu haben, hielt das nicht für seine Sache. Darin können wir Gerhard Kluchert zustimmen.[118] Hatte sich in Brandenburg der Weg in die Republik bei den höheren Beamten schon nicht durchgesetzt, blieb an bekömmlichen Resten für die »Untertanen« vielleicht, was eine Einschätzung der *Vossischen Zeitung* im März 1929 ausdrückt: »Das Entscheidende für die Verwaltung aber ist der Geist, in dem sie

---

115 Wie im Fall von Dr. Marie Torhorst (1888–1989) vom Kaiser-Friedrich-Realgymnasium (bzw. Karl-Marx-Schule von Fritz Karsen) in Neukölln, entlassen wegen § 4 »BBG« mit monatlich 56 RM Einkünften. Sie erhält schließlich auf ihre Eingabe hin ein Drittel des Mindestruhegehalts als »Gnadenbezüge«. BArchivBerlin R 4901 Nr. 4714, unpaginiert. Nach dem Zweiten Weltkrieg leitete sie eine Abteilung im Zentralsekretariat der SED und war danach 1947 bis 1950 Volksbildungsministerin in Thüringen.

116 Der Bewerber Hermann Ewerth für eine Oberstudiendirektor-Stelle in Berlin konnte sich 1935 nicht durchsetzen, auch nicht über den «Stellvertreter des Führers«, nicht mit Unterstützung von Rust, Freisler, Meinshausen und Görlitzer, weil die Abt. höhere Schulen das nicht für richtig hielt: nicht befähigt, nicht geeignet und von Verdiensten als »Alter Kämpfer« nie etwas gehört; BArchivBerlin R 4901 Nr. 4717, unpaginiert.

117 Zander zum regionalen Kreisleiter: »Sie haben nicht das Recht, meine Behörde um Ausführung von Maßnahmen zu ersuchen. Anregungen der politischen Organisation werden pflichtgemäß geprüft, die Entscheidung muß mir als der verantwortlichen Stelle überlassen bleiben.« *G. Kluchert*, Politisierung der Schulaufsicht, wie Anm. 104; 163.

118 Ebd., 166. – Otto Zander kam am 20.6.1938 bei einem Autounfall auf der Autobahn bei Burg in der Nähe von Magdeburg ums Leben. Offensichtlich völlig übermüdet war er auf dem Weg zu einem Treffen mit Parteifreunden im Harz.

immer noch geführt wird. Es ist derjenige des wohlwollenden Obrigkeitsstaates.«[119]

Die Deckung von Elisabeth Schmitz erklärt sich wohl auch daraus, dass in der Abteilung für höhere Schulen in Einzelfällen ehemalige liberalkonservative Kräfte Duldung erfuhren. Vielleicht profitierten auch ehemalige DVPler noch von dem Brief Eduard Dingeldeys an Adolf Hitler (wo es mit wenig Erfolg um Schonung und Respekt für die Mitglieder der aufzulösenden DVP ging), vielleicht erzwang die Kompetenzarmut im Kreise »Alter Kämpfer« die Weiterverwendung von erfahrenen Leuten, die dann Handlungsspielräume oder Nischen bewahrten und dadurch helfen konnten, wenigstens im Kreise Gleichgesinnter, die den Weg der Kompromisse und Verbiegungen nicht gehen und ihren Eigensinn bewahren wollten.

Man muss auch den Überdruss im höheren Beamtentum angesichts des ständigen Ummodelns, der Verunglimpfung der Beamten mit zunehmender Zeit, ihrer Kränkung angesichts des Missbrauchs als »Büttel« in Betracht ziehen. Der Weg in Richtung auf institutionelle Verwilderung, Ressortgewirr und Ämterchaos, den Wandel von anfänglicher Begeisterung in Richtung auf Enttäuschung wurde schließlich auch in einer Denkschrift öffentlich gemacht: 1937 aus der Hand von Fritz-Dietlof Graf von der Schulenburg, einem späteren Beteiligten am Widerstandskreis vom 20. Juli 1944: »Über die Krise des Beamtentums«. – Die Schwäche des ganzen Reichserziehungsministeriums unter Bernhard Rust, die im Laufe der Zeit den Nationalsozialisten selbst zum Ärgernis gereichte, war sprichwört-

119 *Fabian Scheffczyk*, Der Provinzialverband der preußischen Provinz Brandenburg 1933–1945. Regionale Leistungs- und Lenkungsverwaltung im Nationalsozialismus, Tübingen 2008, 29; *Sabine Mecking/Andreas Wirsching*, Stadtverwaltung als Systemstabilisierung? Tätigkeitsfelder und Handlungsspielräume kommunaler Herrschaft im Nationalsozialismus, in: *dies.* (Hg.), Stadtverwaltung im Nationalsozialismus. Systemstabilisierende Dimensionen kommunaler Herrschaft, Paderborn 2005, 1–23.

lich: »1 Rust« war die kürzeste Zeitspanne zwischen dem Erlass einer Verordnung und deren Neufassung. Goebbels bezeichnete im Tagebuch vom 27.1.1937 dieses Ministerium als einen »wahren Sauhaufen«.

So war es also dieses Balancieren in Handlungsspielräumen, in ganz informellen Verbindungen, fein gesponnenen Netzen verbindenden Denkens und Fühlens in einem Feld, das wirksam war gerade durch die »Stärke der Stille« (Marion Yorck von Wartenburg), an Stelle eines großen, machtblockierenden, umstürzlerischen Widerstands, mehr eine Abwehr von Übergriffen auf Menschen, die einem wert und wichtig waren.[120] Eine direkte Hilfe quasi »von Amts wegen« für jüdische Menschen unter Bedrohung gab es kaum und blieb individuellen Helfern vorbehalten, die dann in Einzelfällen Schonung erfuhren. Erich Rubensohn fiel durch alle Maschen solcher Netzwerke von Gedanken und Handlungsweisen.

120 Und wehe jenen, die nicht durch solche stillen, unsichtbaren Wirkströme gestärkt und gestützt wurden wie zum Beispiel im Fall der eigensinnig resistenten Lehrerin Frieda Löhnert aus Frankfurt am Main, die beargwöhnt, bedroht und herumgeschoben wurde und der ein Weg nach Ravensbrück nicht erspart blieb. *Gerlind Schwöbel*, Nur die Hoffnung hielt mich. Frauen berichten aus dem KZ Ravensbrück, Frankfurt am Main 2002, 197.

## An der jüdischen Schule von Dr. Leonore Goldschmidt

Am 22. Februar 1936 lautete die Entscheidung in der Angelegenheit von Erich Rubensohn: Belassung im Amt nicht möglich.[121] Er fand eine neue Anstellung an der privaten Schule von Dr. Leonore Goldschmidt.[122] Diese Pädagogin baute einen Schulstandort auf, an dem viele andernorts nicht mehr unterrichtete Schüler aufgenommen wurden und mit ihren Abschlussprüfungen zum Studium an der Universität von Cambridge berechtigt waren: wichtig für die an Auswanderung interessierten jüdischen Familien mit großer Weitsicht, auch für die Lebensperspektive ihrer Kinder. Dieses pädagogische Angebot in Berlin hatte seine einzigartige Bedeutung parallel zu der Zahl von 10 000 Kindern, denen das Vereinigte Königreich eine Aufnahme angeboten hatte, ein Geschenk für diese jungen jüdischen Menschen, die gerettet waren und ganz überwiegend ihre Familien nie wieder gesehen haben.[123] Ab 15. November 1938 war für jüdische Kinder der Besuch öffentlicher Schulen gänzlich untersagt. Im November 1938 ging der erste Transport mit 196 Kindern im Rahmen der »Refugee Children Movement« vom Bahnhof Berlin-Friedrichstraße ab.[124]

---

121 BArchBerlin 4901, 4714, unpaginiert.

122 Leonore Goldschmidt, geb. 16.11.1897 bei Calau in der Lausitz, gest. 7.3.1982 in London.

123 *Christiane Berth*, Die Kindertransporte nach Großbritannien 1938/39. Exilerfahrungen im Spiegel lebensgeschichtlicher Interviews, München/Hamburg 2005.

124 *Lore Segal*, Kindertransporte. Reise in eine fremde Welt, in: *B. Schieb/J. Hercher* (Hg.), wie Anm. 84; 100; *Kurt Schilde*, »Wahrscheinlich wird das unser Untergang sein«. Der Bericht von Erich und Elisabeth Frey an ihre ausgewanderten Töchter (1942), Berlin 2019; *Christoph Gann/Dietrich Ziebarth*, Wenn ihr hier ankommt … Eva Mosbacher, ein jüdisches Mädchen und der Kindertransport nach England, Leipzig 2020.

**Abb. 16** Schülerinnen an der Leonore-Goldschmidt-Schule

Für dieses Konzept setzte sich auch die Universität von Cambridge ein. Die formalen Regelungen waren zwischen Leonore Goldschmidt und Oberschulrat Prof. Dr. Walter Hübner ausgehandelt worden, den sie von ihrem Studium in den frühen zwanziger Jahren her kannte. Der Stadtschulrat Dr. Hans Meinshausen hat die Konstruktion abgesegnet: Jüdische Privatschule Dr. Leonore Goldschmidt, Reformrealgymnasium. Die Erlaubnisurkunde datiert auf den 8. Januar 1936. Die Goldschmidt-Schule am Wilmersdorfer Roseneck, ausschließlich für »nichtarische Schüler« mit ganz überwiegend jüdischen Lehrkräften, wurde zum »English Examination Centre«. Der Fachdidaktiker für Englisch, Walter Hübner, setzte sich offensichtlich sehr für diese Entwicklung ein.

Erich Rubensohn hatte zwischenzeitig seine Unterrichtsqualifikation um das Fach Englisch erweitert.[125] In diesem Hause nun

125 *E. Rubensohn*, Gesuch, wie Anm. 1.

beeindruckte Rubensohn die Tochter der Schulleiterin, später Dr. Gertrud »Trudi« Thompson-Goldschmidt, durch seine Tatkraft, seinen Lebensmut und seine Warmherzigkeit. Ein im berlinischen Tonfall gehaltenes Gedicht aus seiner Hand auf »Die Doktorn« zeugt davon.[126] – Die Schule wurde am 30. September 1939 aufgelöst. Eine Gedenktafel am Hohenzollerndamm 110a erinnert an diesen pädagogisch-politischen Ort.

**Loblied auf die Doktorn, von Erich Rubensohn**

Unsere Doktorn, die is richtig, immerzu treppauf, treppab,
Wie zwee Männer isse tichtig, ihre Jangart is der Trab.
Ueberall isse beschlagen, allen hat se wat zu sagen.
Doch se bleibt trotz alledem in der Tonart anjenehm.
Ja, det will schon wat bedeiten, so ne Schule uffzebaun!
Un der Aerjer mit den Leuten, manchmal is't um mangzehaun.
Lieschen, Lottchen, Ursel, Gretchen,
Rudi, Jutta, Minchen, Kätchen,
Wo jehts in de Pause hin? Imma bei Frau Doktern rin.
Dabei hat det arme Wesen doch genug zu tun:
Korrejiern, arbeten, lesen, so jehts ohne Rast un Ruhn,
Konferenzen un Debatten, diese niemals ohne'n Jatten!
Ja, se is, ick muss jestehn, schon ein richtig Phänomen.
Aba manchmal wird se hitzig, un det is ooch ze vastehn,

---

126 Persönliche Mitteilung von »Trudi« Thompson. – *Gertrud H. Thompson* (16.2.1924 – 19.3.2012 in Perth, Australia) berichtet über die Geschichte des Hauses, in: *Leo Baeck Institute Yearbook*, 50, 2005, Nr. 1, 300–353; ferner: http://leobaeck.co.uk mit einer ausführlichen Schilderung der pädagogisch-politischen Situation dieser Schule zwischen 1935 und 1939 in Berlin. – *Jörg H. Fehrs*, Von der Heidereutergasse zum Roseneck. Jüdische Schulen in Berlin 1712–1942, Berlin 1993, 314f.; *Martin-Heinz Ehlert*, Jüdische Schulen unterm Hakenkreuz, GEW *blz* (*Berliner Lehrerzeitung*) 6, 2005; *ders.*, Paula Fürst. Aus dem Leben einer jüdischen Pädagogin, Berlin 2005.

Meistens heiter, oftmals witzig, morjens so von 8 bis 10.
Aba jeht die Uhr uff zwelfen,
dann kann ihr keen Jott mehr helfen,
Auf dem Vorflur sammeln sich Mütter, Mütter schauerlich.
Alle ham se wat ze klagen, alle ham se wat ze schrein:
Lea hat'n schwachen Magen. Mein Manfred ist kein Schwein!
Meine Jüngste ist asthmatisch! Hans Georg ist mathematisch!
Wird er? Kann er? Soll er? Wie? Matric or proficiency?
Halten Sie mein Kind für arisch? Na, ich seh doch fast so aus!
Zwar der Vater ist bulgarisch, und, wie ich, aus gutem Haus.
Ich bin selbst aus Venezuela, darum heiß ich Manuela.
Gott, wie ist das Kind begabt! Masern hat er schon gehabt.
So jehts zwee jeschlagne Stunden,
zwischendurch schrillts Telefon:
Habn Sie Ilschens Heft gefunden? Sie verlor es bei Herrn Cohn.
Günter ist noch nicht zu Hause! Wann ist morgen grosse Pause?
Schulgeld woll'n Se ooch von mir?
Frau, Sie sind wohl nicht von hier.
Doch trotz aller Mühn und Sorgen,
die der Tag ihr reichlich bringt,
Immer hofft sie auf ein Morgen, dem die Zukunft heiter winkt.
Und das Leben steht ihr offen, darum lasst uns mit ihr hoffen,
Mit ihr Wirken noch und noch!
Leonore dreimal hoch, hoch, hoch!!!

## Ein vorletzter Gang durch den Vorhof der Hölle

Leonore Goldschmidt und Ernst Goldschmidt verließen am 20. Juli 1939 das Deutsche Reich. In England begründeten sie erneut eine Schule nach dem Muster des Berliner Hauses. Freilich musste dieser pädagogische Ort wieder geschlossen werden, als infolge der Kriegsverhältnisse eine Fortführung nicht mehr möglich war. Im Reich addierten sich derweil die sichtbaren und wirksamen Ausgrenzungen für jüdische Bürger. Ab dem 17. August 1938 waren die Namensergänzungen »Sara« oder »Israel« verpflichtend und mussten in den Geburtsurkunden als Randvermerk nachgetragen werden, auch für Erich und Gerti.[127] Bei der Volkszählung vom 17. Mai 1939 wurden beide als »Volljuden« erfasst. Der »Gelbe Stern« sollte mit dem 1. Januar 1941 dazu kommen. Auf die umfängliche Liste der Verbote und Ausgrenzungen für jüdischen Bürger (Benutzung von Telefonzellen, Sitzbänken, Badeanstalten, Besitz von Radioapparaten und vieles andere) wird verwiesen.

Am 30. September 1939 beschied Walter Hübner der »Privaten Dr. Leonore Sara Goldschmidt Schule«, dass das Haus den Betrieb einstellen müsste. Zu diesem Zeitpunkt war Erich Rubensohn, seit dem 1. September 1939, dort nicht mehr tätig und hatte bei der »Reichsvereinigung der Juden in Deutschland« eine Funktion als Lehrer, weniger in Vorausschau auf das Ende des Schulbetriebs und zur Absicherung der Lebensgrundlagen, sondern erzwungenermaßen.[128] Denn diese Organisation hatte eine dramatische Doppelrolle. Seit dem Sommer 1933 waren die jüdischen Gruppierungen

127 Zweite Verordnung zur Durchführung des Gesetzes über die Änderung von Familiennamen und Vornamen vom 17. August 1938, *Reichsgesetzblatt I*, Seite 1044.

128 Mitteilung der Stiftung Neue Synagoge Berlin, Centrum Judaicum, Archiv.

**Abb. 17** Am 2. September 1936 auf dem Bahnsteig am Anhalter Bahnhof vor dem Sonderzug nach Marseille zur Weiterfahrt mit dem Dampfer »Patria« nach Palästina, um der drohenden Einwanderungssperre zuvorzukommen

im Reich unter der Leitung des Rabbiners Leo Baeck zusammengeführt unter dem Titel »Reichsvertretung der Juden« mit der Aufgabe, zusammenzuhalten, zu helfen, die Ausreise – namentlich nach Palästina – zu unterstützen. Danach hieß der Verbund »Reichsverband der Juden«, seit 1938 schließlich »Reichsvereinigung«, immer mit dem Ziel, die durch den Verfolgungsdruck immer größer werdende Not abzufedern, die Auswanderung vorzubereiten, Schulunterricht anzubieten und andere solidarische Themen aufzugreifen.[129]

129 *Beate Meyer*, Tödliche Gratwanderung. Die Reichsvereinigung der Juden in Deutschland zwischen Hoffnung, Zwang, Selbstbehauptung und Verstrickung (1939–1945), Göttingen 2011.

**Abb. 18** Türschild Kantstraße 158:
Preußischer Landesverband jüdischer Gemeinden

An der Spitze des noch existierenden jüdischen Schulwesens unter Verantwortung der Reichsvereinigung stand die vorherige Leiterin der Theodor-Herzl-Schule: Paula Fürst, ebenfalls seit 1933 außer Dienst gewesen, die mit dem lückenhaften Personalangebot (durch Auswanderung, Konzentrationslager, Untertauchen) kaum etwas bewirken konnte. Die Betreuung von jungen Menschen in jüdischen Schuleinrichtungen hatte vor allem einen stützenden, quasitherapeutischen Anspruch, die Gestaltung von einem Stück Geborgenheit in einer feindseligen, quälenden, immer unerträglicher werdenden Umwelt voller Armut, Bedrohung und Angst. Dieser Verband blieb in der NS-Aufarbeitung bisher relativ schwach beleuchtet.

Die Lage hatte sich mit dem 4. Juli 1939 noch einmal grundlegend verändert. Das Reichssicherheitshauptamt RSHA übernahm die Kontrolle über den Verbund. Zusammen mit der Gestapo wurde jetzt der jüdische Teil der Bevölkerung, der nunmehr ausnahmslos in der

Reichsvereinigung zusammengefasst war, noch effektiver kontrolliert. Dazu gehörte die praktische Mitwirkung bei den Deportationen, die an die Stelle der nicht mehr zulässigen Emigration trat. Die Reichsvereinigung manövrierte also zwischen dem Unterstützungswillen einerseits und einem quasi mörderischen Auftrag hin und her, mit der Herstellung von Listen, Einrichtung von Sammelstellen, Abholung und Begleitung bei Deportationen, dann wieder Hilfen zur Flucht, Bewirkung von Ausnahmen, Behinderung und Erschwerung von Transporten. Das Berliner Zentrum in der Kantstraße 158 – heute mit diesem Hintergrund in der Öffentlichkeit völlig unbekannt – versammelte eine große Zahl von jüdischen Selbsthilfe-Organisationen, wurde am 10. Juni 1943 endgültig geschlossen und die leitenden Personen selbst abgeholt und ermordet.[130]

Welche Rolle Erich Rubensohn in diesem Umfeld spielte, lässt sich nicht mehr aufklären. Viele jüdische Lehrkräfte standen nach der Schließung ihrer Schulen auf der Straße. Einige konnten sich weiter unterrichtend engagieren. Andere wurden Bestandteil der Doppelrolle der Reichsvereinigung und mussten Aufgaben als Ordner übernehmen.[131] Die Alternative »Mitgehen oder Untertauchen« wurde aus dem Blickwinkel der jüdischen Bevölkerung eher mit »Nicht Untertauchen« gewichtet: wegen der zu erwartenden rigorosen Reaktionen des Terrorsystems mit Geiselnahme und Erschießungen.[132]

---

130 Die Adresse Kantstraße 158 in 10623 Berlin gilt für das Kunstwerk von Markus Lüpertz: Der gestürzte Krieger, 1994, das mit dem Inhalt des alten Gebäudes aber nichts zu tun hat. Das alte Bauwerk gibt es nicht mehr; der aktuelle Gebäudekomplex auf dem Kant-Dreieck präsentiert heute eine Geschäftsarchitektur der Moderne; eine Gedenktafel ist nicht vorhanden. – *Wilhelm-Heinrich Wörmann*, Widerstand in Charlottenburg, Berlin ²1998 (Band 5 der Schriftenreihe über den Widerstand in Berlin 1933–1945, hg. von der Gedenkstätte Deutscher Widerstand), 223f.; *Birgit Jürgens*, Die Kantstraße vom preußischen Charlottenburg zur Berliner CITY WEST, Berlin 2017.

131 *J. Schwersenz*, Die versteckte Gruppe, wie Anm. 30, 31; 85f.

132 ebd. 89f.

## Eine letzte Entscheidung im Jahr 1942. »Der Schlüssel befindet sich beim Hauswart«

Nach der anfänglichen Annahme im Kreis der jüdischen Bevölkerung, dass es im zivilisierten und kultivierten Mitteleuropa eine Menschenvernichtung von absurder Art und Weise und unvorstellbarem Umfang nicht geben könne, hatte sich allmählich die Ahnung herausgebildet, dass das sehr wohl so sein könnte. Später wurde daraus Gewissheit. Ab August 1941 war die Auswanderung verboten; ab September begannen die Deportationen.

Das Jahr 1942 verlangte eine letzte Entscheidung für die Rubensohns. Bereits Anfang Juni 1942 war es zu einer verschärften Aktion gegen Leitungskräfte der Reichsvereinigung gekommen, die für eine Deportation abgeholt wurden, darunter auch Paula Fürst. Das Schicksal dieses Transports ist unbekannt.[133] Die Schließung aller jüdischen Schulen wurde für den 30. Juni verfügt. Am 17. August war gerade ein Transport mit 1 000 Personen nach Theresienstadt abgegangen.[134] Die Deportation von weiteren 13 000 Menschen war angekündigt; im September wurden weitere 3 000 Menschen deportiert. Eine neue Kartei war bei der Jüdischen Gemeinde in Auftrag gegeben.

---

133 *K.-H. Ehlert*, Paula Fürst, wie Anm. 126. – Paula Fürst hatte noch 1939 eine Ausreise von Schülern nach England begleitet und war entgegen vielseitigem Rat nach Berlin zurückgekehrt.

134 *Wolf Gruner*, Judenverfolgung in Berlin 1933–1945. Eine Chronologie der Behördenmaßnahmen in der Reichshauptstadt, Berlin: Stiftung Topographie des Terrors 2009, 2. vollständig bearbeitete und wesentlich erweiterte Auflage, 42f.; ein Überblick über Publikationen zu regionalen Verhältnissen ebd., 11f; *ders.*, Die Berliner Stadtverwaltung und die Judenverfolgung, in: Berlin 1933–1945, Berlin: Stiftung Topographie des Terrors 2010, 216–222. – Siehe auch *Doris Tausendfreund*, Erzwungener Verrat. Jüdische »Greifer« im Dienst der Gestapo 1943–1945, Berlin 2006.

Auch Gerti und Erich Rubensohn wurden mit der Deportation konfrontiert, der Weg ins Unheil auch dieser beiden jüdischen Berliner vorbereitet. In dieser Lage hatten die Rubensohns keine Lösung mehr parat. Wie viele Menschen hatten schon die Kraft und die Verbindungen für ein kompliziertes, stets bedrohtes Dasein im Untergrund? Die auffällige schwere Behinderung hätte diesem Weg zudem enge Grenzen gesetzt.

Anders war die Situation eines jungen Menschen, auf den wir abermals zu sprechen kommen: Jizchak Schwersenz. Dieser beobachtete Vorgänge in der Kantstraße 158, zum Beispiel die Entgegennahme von Weisungen durch das Referat IV B4 »für Judenangelegenheiten« beim RSHA. Er arbeitete mit der Jugend-Alija, einer Gruppe, die mit der Theodor-Herzl-Schule verbunden war, die Anfang 1939 geschlossen wurde. Mit Beginn der Deportationen entschied sich Schwersenz fürs Untertauchen, lebte und wirkte monatelang mit einer Jugendlichengruppe im Widerstand.[135]

Auch für einen »Sonderweg«, eine letzte scheinbare Lösung, hatten die Familien Will und Rubensohn sich zu keiner Zeit entscheiden können: die Taufe und den Wechsel zum protestantischen Christentum, so wie in zahllosen jüdischen Familien seit dem Anfang des 20. Jahrhunderts praktiziert. In Sonderheit während der dreißiger Jahre und zu deren Ende hin waren ohne Zweifel die Hauptmotive: Beendigung von Ausgrenzung und Gefährdung, die Erleichterung des Lebens, das Überleben. In der Bekennenden Kirche gab es heftige Diskussionen um die »Judentaufe« zwischen Befürwortern und Verweigerern. Menschen jüdischer Herkunft wurden auch in diesem Rahmen nicht unterstützt, aus dem Kirchen-

135 Zu *Schwersenz* s. Anm. 30, ebenso *W.-H. Wörmann*, Widerstand in Charlottenburg, wie Anm. 130; 229, 231.

leben vertrieben, sogar ausgeliefert.[136] Die Taufe hatte keinen wirklichen Wert, weder die in jungen Lebensjahren, noch jene im Angesicht des Todes. Nicht selten wurde getauft und anschließend deportiert. Die Rubensohns wurden nicht Teil dieses Sonderwegs. Der 16-seitige Fragebogen zu den Vermögensverhältnissen und der »Ausstattung der Judenwohnung« wurde ausgefüllt und auf den Deportationspapieren – wie in den meisten anderen Fällen – vermerkt: »Der Schlüssel befindet sich beim Hauswart.«[137]

Auf den Deportationspapieren finden sich zu den durchnummerierten Personen ergänzende Vermerke wie folgt, ausschnittsweise:

zu 51.) und 52.) Die Schlüssel befinden sich beim Hauswart.
zu 53.) Der Nachlass befindet sich zur Aufbewahrung bei der Wohnungsinhaberin.
zu 54.) und 55.) Der Schlüssel befindet sich beim Hauswart. Anliegend ein Schreiben. [betrifft die Rubensohns, der Verf.]
zu 57.) bis 59.) Die Schlüssel befinden sich auf dem 128. Polizeirevier.
zu 60.) Die Schlüssel befinden sich beim Hauswart.
zu 64.) Ein Vermögensverzeichnis.
zu 65.) Der Schlüssel befindet sich beim 128. Polizeirevier.
zu 68.) und 69.) Der Schlüssel befindet sich beim Hauswart.

---

136 *Gerlind Lachenicht/Silke Radosh-Hinder/Claudia Wüstenhagen*, Der Stern im Taufbecken. Berliner Christen jüdischer Herkunft und Evangelische Kirche im Nationalsozialismus, Berlin 2013; *Hartmut Ludwig/Eberhard Röhm/Jörg Thierfelder* (Hg.), Evangelisch getauft – als »Juden« verfolgt. Theologen jüdischer Herkunft in der Zeit des Nationalsozialismus, Stuttgart 2014, u.a. zu Frau Pfarrerin Dietgard Meyer, der Schülerin von Elisabeth Schmitz.

137 Brandenburgisches Landeshauptarchiv BrandLHArchiv Potsdam, Rep. 36 A II Nr. 32411 (Akte Oberfinanzpräsident) und Nr. 56004, Bl. 77 RS, 81.

zu 78.) und 79.) Ein Revierbericht, eine Nachlassaufstellung, ein Testament.
zu 78. und 79.) Der Schlüssel befindet sich auf dem 22. Polizeirevier. Anliegend eine Nachlassaufstellung.
zu 84.) Eine Vermögenserklärung. Zimmer ist versiegelt. Es befinden sich noch weitere Juden in der Wohnung.

Das Paar wurde am 21. August 1942 um 7.30 Uhr in der Vinetastraße 61 tot aufgefunden; ein Freitod, vermutlich durch Veronal-Vergiftung, gewiss um der Deportation zuvor zu kommen, wie in so vielen Fällen dieser Tage. Die Ausstattung »der Judenwohnung« und das Vermögen verfielen dem Reich gemäß »§ 1 des Gesetzes über die Einziehung kommunistischen Vermögens vom 16.5.1933 in Verbindung mit dem Gesetz über die Einziehung volks- und staatsfeindlichen Vermögens vom 14.7.1933«. Damit war Gottfried August Bürgers Gedanke aus dem Gesuch »an den Führer« Wirklichkeit geworden.

Die Eheleute wurden am 27. August auf dem Jüdischen Friedhof in Berlin-Weißensee beigesetzt, an jenem Ruheplatz, wo auch die Eltern Hulda und Paul Rubensohn beerdigt sind und ebenso die Eltern Rosa und Benno Will. Die Grabstelle von Gerti und Erich ist durch die Arbeit der Kriegsgräberfürsorge in würdiger Form gestaltet, in einem Gräberfeld neben anderen gleichförmig ausgestatteten Stellen.

Das Gräberfeld vieler Menschen mit demselben Schicksal zur selben Zeit führte – heute ganz unmittelbar zu besichtigen – viele Paare im selbstgewählten Tod zusammen: Ehepaare, Mutter-Tochter-Paare, Geschwisterpaare, Freundespaare. Viele Grabsteine zeugen vom letzten gemeinsamen Weg dieser miteinander verbundenen Menschen. Solche Gräberfelder findet man auch andernorts in Deutschland, zum Beispiel in Frankfurt am Main. Die Begräbnis-

**Abb. 19** Ruhestätte von Erich und Gerti Rubensohn auf dem Jüdischen Friedhof Berlin-Weißensee

stätte Weißensee ist seit 1880 einer der größten jüdischen Friedhöfe in Europa für mehr als 115 000 Berliner.[138]

Das Jahr 1942 stellte einen dramatischen Höhepunkt in der Geschichte der Selbsttötungen jüdischer Bürger zwischen 1938 und 1945 dar, vom Januar an ein Jahr der basalen Menschenfeindlichkeit. Von 1933 bis 1937 nahmen sich in Berlin 297 Juden das Leben. Die Zahl der Selbsttötungen stieg von 131 Menschen im Jahr 1938 auf 823 im Jahr 1942 und auf insgesamt 1677 am Ende des Zweiten Weltkriegs. Die sich stetig verstärkenden Erschwernisse in der

138 *Andreas Nachama/Hermann Simon* (Hg.), Jüdische Grabstätten und Friedhöfe in Berlin, Berlin 1992; *Andreas Wirsching*, Jüdische Friedhöfe in Deutschland, in: *Vierteljahreshefte für Zeitgeschichte VfZ*, Jg. 50, 2002, Heft 1, 1–40.

Lebensführung und schließlich Lebensbedrohung hatten die Zeitmarken des Vernichtungswillens: von 1933 über 1935 (Nürnberger Rassegesetze) und 1938 (die reichsweiten November-Pogrome) bis zur Wannseekonferenz am 20. Januar 1942 mit dem Ziel der »Endlösung«. Viele Menschen mit geringen Ressourcen, ältere Personen und alleinstehende oder verwitwete Frauen sahen sich im Laufe der Zeit zu einer solchen endgültigen Entscheidung gezwungen.[139] Und so kam es dazu, dass auch weitere Frauen der Familie Will freiwillig aus dem Leben schieden, jeweils zu zweit: Rydia und Emmy Will im Herbst 1941, Gertrud und Anna Will im Sommer 1942, Tanten und Cousinen von Dr. Gerti Rubensohn-Will.[140] – Für den Mai 2021 ist die Verlegung von Stolpersteinen für Erich und Gerti Rubensohn in der Vinetastraße 61 in Berlin-Pankow vorgesehen.

139 Bundesarchiv, Gedenkbuch. Opfer der Verfolgung der Juden unter der nationalsozialistischen Gewaltherrschaft in Deutschland 1933–1945, in der sich ständig weiterentwickelnden Fassung; *Anna Fischer*, »Den Tod gesucht«. Erzwungener Freitod von Berliner Juden in den Jahren 1938 bis 1945, in: *dies.*, Erzwungener Freitod. Spuren und Zeugnisse in den Freitod getriebener Juden der Jahre 1938–1945 in Berlin, Berlin 2007, unter anderen zum Ehepaar Rubensohn. – Allgemein bekannt ist der Freitod von Martha Liebermann am 10. März 1943, der Ehefrau des 1935 verstorbenen Malers Max Liebermann, vormaliger Direktor der Akademie der Künste. Die schwerkranke 85-jährige Frau nahm nach der Ankündigung ihrer Deportation nach Theresienstadt eine Überdosis Schlaftabletten.

140 Auskunft der Stiftung Neue Synagoge Berlin, Centrum Judaicum, Archiv.

## Ein Seitenblick und Nachworte

*Was wurde aus Hans Meinshausen?* Wir sehen die Geschichte eines überzeugten Nationalsozialisten, der seine Hoffnungen auf das Denken des »Dritten Reiches« wendete: als Gauredner, Reichsredner, als Stellvertretender Gauleiter nach Goebbels, als Stadtschulrat von Groß-Berlin und in vielen andere Funktionen. Dem Mann fehlte wahrscheinlich Fortune. So wurde er im Sommer 1944 Oberbürgermeister in Görlitz an der Neiße. Dort ereilte ihn der allgemeine Untergang in den letzten Zügen des Zweiten Weltkriegs.

Die Sowjets und die SED-Akteure der Sowjetzone hatten ihn 1947 den Amerikanern abgeschwatzt, obwohl er bereits in Darmstadt quasi »in Sicherheit« war. Haben General Lucius D. Clays Leute nicht aufgepasst? In einem frühen Schauprozess 1948 in Görlitz an der Neiße – »einem Nürnberg der Zone« – wurden ihm bestialische Verbrechen vorgeworfen, u.a. Zwangsevakuierung und die Ermordung von KZ-Häftlingen. Das Ende: Tod durch das Fallbeil 1948 in Dresden. Im Urteil heißt es:

> »Bei seiner hohen geistigen Begabung und bei seiner demagogischen Natur würde, falls der Angeklagte Meinshausen nur mit Freiheitsstrafen belegt und er durch Zufall wieder die Zuchthausmauern hinter sich lassen würde, er für den Aufbau und Ausbau der Demokratie in Deutschland eine Gefahr bedeuten. Auch aus diesem Präventionszweck der Strafe heraus konnte die Strafkammer in Anbetracht der oben geschilderten gefährlichen Persönlichkeit des Angeklagten Meinshausen nur auf Todesstrafe zukommen.«

Alle konkreten Schuldvorwürfe waren tatsächlich gegenstandslos gewesen; nicht freilich das Wirken als überzeugter Nationalsozialist und Propagandist. Nichts hatte den offenkundigen Unsinn des justiziellen

Bühnenstücks stoppen können, dieser Scheinjustiz einer neuartigen Rechtschaffenheit, auch nicht der tapfere Zwangsverteidiger Carl-Albert Brüll mit seinem Kampf gegen die stalinistischen Methoden. *What's the story behind this?* So hatte jemand von der US Army zwischendurch schon einmal gefragt. Jetzt wissen wir es: Es ging um ein »Pilotprojekt« der politischen Polizei in Abstimmung mit Ulbricht und Mielke zur Machtdurchsetzung gegenüber der Justiz und natürlich der Bevölkerung – auf dem Weg in die bald zu gründende DDR und zum künftigen Ministerium für Staatssicherheit. Sachsen war dabei Vorreiter und Musterland für Diktaturdurchsetzung, Erprobung neuer Machtstrukturen und Aufbau eines Polizeistaates.

Wir wissen jetzt: Der Missbrauch der Strafjustiz an der Schnittstelle der beiden deutschen Diktaturen begann also bereits 1947/48, nicht erst mit den Waldheimer Prozessen von 1950, in denen tausende »Entlassene« aus den Sowjetlagern von Hilde Benjamin in 20-Minuten-Prozessen nach Workuta geschickt wurden. Der Missbrauch begann auch nicht bei den Wirtschaftsprozessen im Stadttheater von Dessau 1953, sondern im Stadttheater von Görlitz 1948. Justiz als Waffe, als Mittel der Abschreckung und zur Absicherung der Machtverhältnisse auf dem Weg in den späteren Unrechtsstaat: Schritte in der Mitte der langen vierziger Jahre am Eisernen Vorhang, die in Deutschland am 17. Juni 1953 »stilgerecht« endeten.[141]

Eine ergänzende Darstellung zum »Görlitzer Kriegsverbrecherprozess«, dem stalinistischen Schauprozess in der Görlitzer Stadthalle, folgt im Verlauf der biographischen Stationen des Rechtsanwalts Carl-Albert Brüll in diesem Buch.

*Was wurde aus Hedwig Thöne und Walter Hübner?* Beide Oberschulräte der Berliner Verwaltung waren die einzigen ihrer Art, die durch

141 *Mike Schmeitzner/Stefan Donth*, Die Partei der Diktaturdurchsetzung. KPD/SED in Sachsen 1945–1952, Köln 2002; *Willi Brundert*, Es begann im Theater … »Volksjustiz« hinter dem Eisernen Vorhang, Hannover 1958.

die ganze Zeit des Nationalsozialismus im Amt geblieben waren und ihre Arbeit als Verwalter des höheren Schulwesens fortsetzten. Nach dem Ende des Zweiten Weltkriegs wurde Hedwig Thöne Oberin beim Leitungspersonal der Königin-Luise-Stiftung in der Berlin-Dahlemer Podbielskiallee. Walter Hübner gehörte am 4. Dezember 1948 zum Kreis der Gründer der Freien Universität Berlin (West), wurde Leiter des Englisch-Amerikanischen Seminars, 1951 Ordentlicher Professor der englischen Philologie, 1962 Ehrenmitglied des Allgemeinen Deutschen Neuphilologenverbandes. Er hielt auch Kontakt zu Leonore Goldschmidt in England. 1964 übersandte er ihr die Festschrift zu seinem 80. Geburtstag.[142] Die Tochter Leonores, »Trudi« Thompson, fragte – verständlicherweise – wieso sie sich denn »mit diesem alten Nazi« abgibt. »Er war der einzige, der mir geholfen hat.«[143]

*Wider die Magie der Unfreiheit und das Streben nach dem Ideal.* Der strikte, aggressive Wunsch nach Eindeutigkeit und Einförmigkeit an Stelle des vielfältigen Gewinns durch Verschiedenheit ist ein unreifer, kindischer Strom aus harten Herzen. Menschen nehmen zu gern das wohltuende Angebot von Überzeugungsgewissheit und strikter Orientierung an und spüren damit festen Boden unter den Füßen. Sie ersparen sich die Kunst des Ausbalancierens von Widersprüchen und die Bewegung in offenen Verhältnissen. Sie merken dabei nicht, wie die »Versuchung der Unfreiheit« (Fritz Stern, Ralf Dahrendorf) nach ihnen greift.[144]

---

142 *M. Scheler,* Berliner Anglistik, wie Anm. 113; *Dieter Riesner/Helmut Gneuss* (Hg.), Festschrift für Walter Hübner, Berlin 1964; *Frank-Rutger Hausmann*, Anglistik und Amerikanistik im »Dritten Reich«, Frankfurt am Main 2003.

143 Schulgeschichte nach *Gerdrud Thompson-Goldschmidt*, wie Anm. 126, Passage zur Nachkriegszeit.

144 *Fritz Stern*, Der Traum vom Frieden und die Versuchung der Macht. Deutsche Geschichte im 20. Jahrhundert, Berlin 1999; *ders.*, Fünf Deutschland und ein Leben. Erinnerungen, München $^{9}$2017; *Ralf Dahrendorf,* Versuchungen der Unfreiheit. Die Intellektuellen in Zeiten der Prüfung, München 2008.

**Abb. 20** Die handelnden Personen, von oben links nach unten rechts: Hans Meinshausen, Fritz Karsen, Otto Zander, Walter Hübner, Leonore Goldschmidt, Elisabeth Schmitz, Hedwig Thöne, Elisabeth Abegg

Der russisch-britische Ideengeschichtler mit jüdischen Wurzeln, Isaiah Berlin (Oxford), ist aus seiner liberalen Grundorientierung heraus überzeugt: Das Beharren auf quasi-idealen, übereindeutigen Positionen »mündet mit hoher Wahrscheinlichkeit in Leiden, Enttäuschung und Scheitern«. Die Bestätigung dafür haben wir hierzulande im kurzen 20. Jahrhundert in katastrophalem Ausmaß erfahren müssen, ist zwischenzeitig nirgendwo ausgeblieben und muss immer wieder aufs Neue befürchtet werden.

Der Faszination von der Einzigartigkeit großartiger Ideen ist stets mit Skepsis zu begegnen, namentlich solchen, die mit Selbsterhöhung und gewaltsamer Dominanz der Vordenker einhergehen. Wir wissen, dass heute und weiterhin – konfrontiert mit dem drohenden Verlust von Freiheit und Partizipation und einer neuen Magie der Unfreiheit – immer wieder Impulse in Richtung auf Menschenwürde und Menschenrechte mit größtmöglicher Dynamik eingebracht werden müssen. Die gewünschten Qualitäten gibt es nicht geschenkt. Ihre Wirkungsmacht ist nach Kräften zu unterstützen, stets begleitet durch die Akzeptanz von Offenheit, Verschiedenheit und Partizipation; nennen wir es Demokratie. Dafür kann man Legitimation, Mut und Zuversicht schöpfen durch Immanuel Kants reichlich ungewöhnlichen Gedanken, den Isaiah Berlin verdienstvollerweise weitergereicht hat: »Aus so krummem Holze, als woraus der Mensch gemacht ist, kann nichts ganz Grades gezimmert werden.«[145] Auf diesen Gedanken vom – in Oxford-Sprache – »crooked timber of humanity« wird auch bei gegenwartsthematischen Kommentaren immer wieder zurückgegriffen.

145 *Isaiah Berlin*, Das krumme Holz der Humanität. Kapitel der Ideengeschichte, Frankfurt am Main [1]1992, div. Aufl., 71, mit Bezug auf Immanuel Kant, Ideen zu einer Geschichte in weltbürgerlicher Absicht, 1784; *ders.*, Wider das Geläufige, 1994; *ders.*, Wirklichkeitssinn, 1998; *ders.*, Die Wurzeln der Romantik, 1999, 245f., alles in div. Auflagen.

# Teil II:

## Carl-Albert Brüll
## (1902–1989)

## Ein Anwalt in Verantwortung

*fiat iustitia ne pereat mundus*

»Im übrigen – trotzdem ich seit dem 24.11.56 glücklich verheiratet bin – kann ich meines Lebens nicht richtig froh werden. Ich habe in den Jahren nach dem Kriege zu viel Unrecht und Unmenschlichkeit gesehen und dann selbst erlebt, und ich kann meine Kameraden hinter Stacheldraht und Mauern nicht vergessen und will es auch nicht«.

So schrieb am 5. Januar 1957 der Berliner Verwaltungsrichter Carl-Albert Brüll an die älteste Tochter eines Mandanten von 1948, den er »den Kindern nicht erhalten konnte«[1]. Durchaus: Ein Mann des Rechts und der Menschlichkeit darf eine solche Bilanz ziehen; man kann und muss nicht immer frohgemut bleiben, wenn man vergeblich angekämpft hat gegen Schein, Lüge und Missbrauch auf dem Gebiet des Rechts für Menschen und Menschlichkeit. Carl-Albert Brülls Lebensweg war bestimmt von persönlichen Herausforderungen und von gesellschaftlich bedeutsamen Situationen »in gefährlichen Zeiten«[2].

Carl-Albert Maria Brüll wurde am 5. Mai 1902 in Görlitz an der Neiße als Sohn des angesehenen Rechtsanwalts und Notars Carl Brüll und seiner Ehefrau Elisabeth geboren und katholisch getauft. Als Schüler besuchte er das Humanistische Gymnasium Augustum in Görlitz und anschließend bis zum Schuljahr 1922/23 das von 183 Schülern und zwei Schülerinnen besuchte Staatliche Gymnasium in Sagan (vorher Königlich Katholisches Gymnasium zu Sagan), ebenfalls eine höhere Lehranstalt in der preußischen Provinz Schlesien. Das Thema seiner Reifeprüfung für dieses Schuljahr

---

1 Briefe im Besitz von Ortrud Grön, geb. Meinshausen (1925–2020).

2 *Eric Hobsbawm*, Gefährliche Zeiten. Ein Leben im 20. Jahrhundert, München und Wien 2003, Original: Interesting Times.

ist nicht überliefert. Im vorigen lautete es: »Worauf gründet sich unsere Hoffnung auf die Wiedererhebung Deutschlands?«, eines dieser »Worauf-Warum-Wozu-Inwiefern-Themen« dieser Zeit, die immer noch und ausschließlich eine Wiederholung des Lehrervortrags erwarteten, und das mit individueller Denkarbeit wenig zu tun hatte.[3] Der Weg dieses Schülers zur Reifeprüfung verlief nicht ohne Schwierigkeiten.

Brüll studierte bis 1929 Rechtswissenschaft in Freiburg im Breisgau, München und Breslau, war bis 1935 in Görlitz als Referendar tätig und trat in den NS-Juristenbund ein. Über die Schul- und Studentenzeit wissen wir leider nichts Genaueres. Der Studienabschluss jedoch war nicht unbedingt glanzvoll: Erstes juristisches Staatsexamen »ausreichend«. Der hoffnungsvolle junge Mann war also nicht unbedingt eine Lerngröße. Eine Zeitzeugin berichtet von anregenden Gesprächen über Kunst und Kultur mit Brüll und Freunden in Görlitzer Gesellschaftszirkeln der dreißiger Jahre.[4] Ob er tatsächlich ein Musikliebhaber und -kenner im engeren Sinne gewesen war, bleibt in den Erinnerungen widersprüchlich und unklar. Unzweifelhaft aber war der langjährige Junggeselle – das darf man sagen – eine stets interessante Figur für die Damen vor Ort. Nach dem Zweiten Staatsexamen in Berlin wurde Brüll Rechtsanwalt in Görlitz.

Der Nationalsozialistischen Deutschen Arbeiterpartei NSDAP gehörte er zu keiner Zeit an. In der Deutschen Wehrmacht diente er

---

3 *Staatliches Gymnasium zu Sagan*, Jahresbericht von 1921/22. Das Schulgeld betrug 500 Mark jährlich. – Über die Bildung an höheren Schulen Schlesiens in der Zeit des Ersten Weltkriegs berichtet auch *Rolf Hensel*, »Mitten im Frieden hat uns der Feind überfallen«. Die ersten Kriegswochen 1914 aus dem Blickwinkel höherer Schulen Schlesiens, in: *Görlitzer Magazin*, Jg. 27, 2014, 88–102. Zur Bildung an höheren Schulen Preußens und deren Schulprogramme berichtet die entsprechende Passage für Erich und Gerti Rubensohn in diesem Band.

4 *Ruth Brown*, Rut Lasar, McNally Jackson Books, Print on Demand, New York 2011.

bis 10. April 1940 beim Landesschützenbataillon 553, ab 4. November 1940 beim Kriegsgefangenenlager Stalag VIII A nahe Görlitz, ab 15. September 1943 bei den Festungsstammtruppen des 81. Armee-Korps in Rouen in Nordfrankreich, ab 27. August 1944 in der Normandie als Dolmetscher für Französisch, bis zuletzt im Rang eines Unteroffiziers. Nach der Landung der Alliierten am 6. Juli kam Brüll im August 1944 in britische Gefangenschaft.[5]

Nur selten zeigen sich die Wendungen der deutschen Zeitgeschichte so eindrücklich wie im Leben und Wirken von Carl-Albert Brüll. Wir sehen drei umschriebene Situationen, die das für den Betrachter erfahrbar machen: Zunächst seine im Winter 1941 fast beiläufig entstandenen Verdienste für die Kammermusik des 20. Jahrhunderts, sodann sein Engagement in einem Schauprozess der Sowjetischen Besatzungszone SBZ im April 1948 in der Stadthalle von Görlitz und schließlich sein Auftreten beim Volksaufstand in der Deutschen Demokratischen Republik DDR vom 17. Juni 1953 in derselben Stadt; mithin ein Anwalt für Kultur, für Recht, für Freiheit. Danach führte er seinen Einsatz für Menschen in Not fort, indem er aus politischen Gründen in Not geratenen neue Hoffnung und neue Zuversicht vermittelte. Diese Perioden werden im Folgenden genauer beleuchtet. Für sein stetes Wirken für Menschen in Bedrängnis und in unübersichtlichen Problemlagen, auf das von Zeitzeugen wiederholt hingewiesen wird, erhielt er 1987 die Verdienstmedaille der Bundesrepublik Deutschland, unterzeichnet von Bundespräsident Richard von Weizsäcker.

5 Sächsisches Hauptstaatsarchiv Dresden (SächsHStArchivDresden) 13733, unpaginiert, in Verbindung mit WASt-Auskunft (Wehrmachtsauskunftsstelle Berlin-Reinickendorf).

## Für Kultur: Das Quartett auf das Ende der Zeit

Das erste hier zu behandelnde Geschehen ereignete sich in der heimatlichen Region: der heute östlichsten Stadt Deutschlands, Görlitz an der Neiße, damals östlich und westlich des heutigen Grenzflusses zu Polen sich erstreckend. Die polnische Stadt Zgorzelec ist über wichtige Brücken erreichbar.

Der Görlitzer Rechtsanwalt war in den Dienst der Wehrmacht eingetreten und seit 1940 wegen seiner ausgezeichneten Französischkenntnisse als Sohn einer Familie mit Verzweigungen nach Belgien und den französischen Sprachraum einer von vierzig Dolmetschern im Kriegsgefangenenlager Stalag VIII A in Görlitz-Moys, nach der heutigen Topographie auf dem Gebiet der polnischen Stadt Zgorzelec auf der östlichen Neißeseite. «Stalag« steht für Stammlager, die römische Zahl für die Wehrkreisbezirke des ehemaligen

**Abb. 1** Stalag VIII A bei Görlitz im Winter

Deutschen Reiches.[6] Das Lager VIII A beherbergte über die Zeit hinweg in rund 40 Baracken 120 000 Kriegsgefangene aus vielen Nationen: zu Anfang 10 000 Polen, danach Belgier und Franzosen, eine große Zahl Russen, schließlich Italiener und Engländer, mit je ganz unterschiedlicher Behandlungsweise. Für die Kriegsgefangenen westlicher Nationen standen neben den Arbeitseinsätzen bereit: Lagerzeitung, Sportplatz, Vortragsreihen, Musikgruppen, Theater, Jazzabende und andere Überlebenshilfen dieser Art, für Gefangene aus Osteuropa auf Dauer nur Elend und Tod. Für viele Lager gibt es heute Gedenkstätten und liegen Einzelberichte vor.[7] Für das ehemalige Görlitzer Lager ist erst relativ spät ein eigener Gedenkort entstanden und im Januar 2015 eingeweiht worden, das Europäische Zentrum für Bildung und Kultur Zgorzelec, eine Gedenk- und Begegnungsstätte im Dreiländereck Polen-Deutschland-Tschechien. In Görlitz, westlich der Neiße, engagiert sich der Meetingpoint Music Messiaen für die Geschichte dieses Ortes in Assoziation mit dem durch den Namen Olivier Messiaen signalisierten kulturellen Aspekt.[8]

---

6 Für die Situation in Görlitz siehe *Hannelore Lauerwald*, In fremdem Land (1939 bis 1945). Kriegsgefangene in Deutschland am Beispiel des Stalag VIII A Görlitz, Görlitz 1996.

7 Weitere Berichte liegen vor für Stalag 304 (IV H) Zeithain bei *Jörg Osterloh*, Ein ganz normales Lager, Leipzig 1997; für Stalag III A Luckenwalde, für Stalag III B Fürstenberg/Oder, IV B Mühlberg, für Stalag VI K Senne, für Stalag X B Sandbostel. – Weiterhin: *Hans-Hermann Stopsack/Eberhard Thomas*, Stalag VI A Hemer. Kriegsgefangenenlager 1939–1945. Eine Dokumentation, Hemer 1995; *Bert Beckmann*, »Die Behandlung war eines zivilisierten Volkes nicht würdig«. Zeitzeugen erinnern sich an ihre Kriegsgefangenschaft im Stalag IX A Ziegenhain, Schwalmstadt 2010. Siehe auch *Nachtrag 2: Musik fürs Überleben* in diesem Band.

8 Siehe www.meetingpoint-music-messiaen.net – Ein erster Bericht über das lange Zeit nicht beachtete ehemalige Lager stammt von *Roman Zgłobicki*, Obozy i cmentarze wojenne w Zgorzelcu, Urząd Mieski 1995; *Kinga Hartmann* (Hg.), Stalag VIII A und Europäisches Zentrum Erinnerung, Bildung, Kultur. Historisches Gedächtnis und zukunftsorientierte Aktivitäten, Zgorzelec 2017.

*Quartett auf das Ende der Zeit.* Carl-Albert Brüll hat in der westlichen Musikforschung durch sein Auftreten im Winter 1940/41 eine gewisse Berühmtheit erlangt, nachdem man den französischen Komponisten Olivier Messiaen, der bei Verdun in deutsche Gefangenschaft, bei Nancy in ein Auffanglager und schließlich nach Görlitz geriet, in seiner Bedeutung erkannt hatte. Seine Popularität als beachtenswerter junger Komponist hatte ihn in seiner Heimat nicht bewahrt vor der Einberufung in den Militärdienst als Sanitäter. Sein Fronteinsatz führte ihn in die Zitadelle Vauban bei Verdun und im Juli 1940 wurde Messiaen zusammen mit 3 000 französischen Mitgefangenen nach Görlitz an der Neiße gebracht, als Gefangener Nr. 35333.

Olivier Eugène Prosper Charles Messiaen, geboren am 10. Dezember 1908 in Avignon, gestorben am 28. April 1992 in Clichy, Hauts-de-Seine, gewann Impulse für seine moderne Harmonik und Melodik aus der Zahlenmystik, der gregorianischen Musik, dem Vogelgesang, ostasiatischen Elementen, der Musik von Bartók, Debussy, Ravel, Strawinsky und entwickelte daraus spezielle Rhythmen und Akkorde. Er war 60 Jahre lang Organist an der La Trinité in Paris.[9] Die Analysen und Interpretationen über sein Schaffen gehen in die Hunderte. Das musikalische Lebenswerk kann an dieser Stelle nicht weiter verfolgt werden.

Im Görlitzer Lager Stalag VIII A kam es dazu, dass das »Quatuor pour la Fin du Temps«, das »Quartett auf das Ende der Zeit«, in der ihm eigenen modernen Tonsprache zu Ende komponiert wurde: Violine, Violoncello, Klarinette, Klavier, sieben Sätze plus Zwischenspiel, knapp 50 Minuten, eines der längsten Stücke im Repertoire der Kammermusik. Ausgerechnet in dieser Situation kamen viele Stilmittel zum Tragen, die Messiaen zu einem führenden

---

9 *Peter Hill/Nigel Simeone*, Messiaen, New Haven 2005.

**Abb. 2** Stalag VIII A, Lagerstraße im Winter

Vertreter der Avantgarde machten. Die Annahme, dass der Komponist die existentiellen Schrecknisse der Zeit in Görlitz in musikalischer Form wiedergeben wollte, trifft indessen nicht zu. Messiaen erklärte sich inspiriert durch den Anfang der Offenbarung des Johannes (10; 1–7):

> *»Und ich sah einen andern starken Engel vom Himmel herabsteigen, der war mit einer Wolke bekleidet, und einen Regenbogen auf seinem Haupt und sein Antlitz wie die Sonne und seine Füße wie die Feuerpfeiler. Und er hatte in seiner Hand ein Büchlein aufgetan; und er setzte seinen rechten Fuß auf das Meer und den linken auf die Erde. Und er schrie mit großer Stimme wie ein Löwe brüllet; und da er schrie, redeten sieben Donner ihre Stimmen. Und da die sieben*

*Donner ihre Stimmen geredet hatten, wollte ich sie schreiben. Da hörete ich eine Stimme vom Himmel sagen zu mir: Versiegle, was die sieben Donner geredet haben; dieselbigen schreibe nicht.*
*Und der Engel, den ich sah stehen auf dem Meer und auf der Erde, hub seine Hand auf gen Himmel und schwur bei dem Lebendigen von Ewigkeit zu Ewigkeit, der den Himmel geschaffen hat und was darinnen ist, und die Erde und was darinnen ist, und das Meer und was darinnen ist, daß hinfort keine Zeit mehr sein soll, sondern in den Tagen der Stimme des siebenten Engels, wenn er posaunen wird, so soll vollendet werden das Geheimnis Gottes, wie er hat verkündet seinen Knechten und Propheten.«*

Unter anderem der 80-minütige Film *Le Charme des Impossibilités* von N.B. Vidal führt die Lagerverhältnisse und die Lebensweise in diesem Kriegsgefangenenlager vor Augen und veranschaulicht die quasi unmöglichen Umstände für die Künstler. Das Szenario bleibt Musikfreunden bis heute unfassbar.

Seit einiger Zeit werden aus der polnischen Musikforschung Erkenntnisse publik, die auf die hilfreiche Kameradschaft von polnischen Lagerinsassen hindeuten, welche Messiaen emotional und im Alltag praktisch unterstützten. Dieser Bericht berücksichtigt deshalb neben verschiedenen »westlichen« Autoren auch Details, die von polnischer Seite beigetragen werden.[10] Es waren polnische Soldaten gewesen, die das eigentliche Lager Ende 1939 aufgebaut hatten. Eine Gruppe von 100 polnischen Kriegsgefangenen war schließlich zurückgehalten worden, um das Lager für die belgischen

10 *Jerzy Stankiewicz*, Świętosław Krawczyński i Olivier Messiaen. Pamiętne spotkanie w Stalagu VIII A w Görlitz (Ein denkwürdiges Treffen im Stalag VIII A in Görlitz), Palestra Swiętokrzyska (Rechtsanwaltschaft Heiligkreuz) 2009, Nr. 9/10, 31–43; *ders.*, Un quatuor concu et créé dans un camp nazi, in: *Schweizer Musikzeitung*, Jg. 15, 2012, Nr. 5; *ders.*, Olivier Messiaen. Człowiek I artysta w Stalagu VIII A w Görlitz (Olivier Messiaen. Mensch und Künstler im Stalag VIII A in Görlitz), Zgorzelec 2014, 67.

und französischen Neuankömmlinge weiter vorzubereiten. Dass diese einen durchaus kameradschaftlichen Empfang erfahren hatten, kann man sich vorstellen.

Namentlich Zdzisław Nardelli und Świętosław Krawczyński berichten von ihrer Nähe zu dem französischen Künstler.[11] Nardelli (18. Oktober 1913 – 21. Mai 2006) war Schriftsteller, Dichter, Radioregisseur und nach Kriegsende ein prominenter Kulturschaffender in Polen. Er durchlief im Zweiten Weltkrieg viele deutsche Lager bis zum Konzentrationslager Buchenwald, hat aber diese Zeit glücklicherweise überlebt. Überall war er künstlerisch tätig, in Sonderheit durch die Organisation von Veranstaltungen unter Lagerverhältnissen, womit er das Leben der Insassen immer wieder stützte und bereicherte; ohne Zweifel ein kommunikativer, kreativer und tatkräftiger Mann.

Auch Messiaen profitierte von seiner Hilfe – Nardelli war Leiter einer polnischen Lagerbibliothek – und erfuhr Begleitung auf dem Weg zu neuen Kompositionen, nicht allein durch die Befreiung von Schwerstarbeit. Bei Hill/Simeone (2001) berichtet der Zeitzeuge Charles Jourdanet von den belgischen und französischen Mitgefangenen in der Baracke 19 A, die Arbeitsentlastung für den »Mitbewohner« Messiaen ermöglichten. In jedem Fall: Die »Polnischen Abende« im Görlitzer Lager gaben gewiss vielen Menschen Mut und Kraft.

Nacheinander oder miteinander brachten sich Polen und Deutsche in die Situation ein. Carl-Albert Brüll versorgte den französischen Mozart mit Notenpapier, Stiften, belegten Broten, Arbeitsraum und Abgeschiedenheit – Wache vor der Tür – und versetzte ihn dadurch in die Lage, das Musikstück zu vollenden. Teile des Werks waren schon vorher in Frankreich entstanden, zum Beispiel das Klarinettensolo im dritten Satz »Abîme des oiseaux«, »Vogel-

11 *Świętosław Krawczyński*, Z raptularz (Aus dem Tagebuch), Kielce 1999.

**Abb. 3** Olivier Messiaen

schlucht«, auf einem Feld bei Toul. Nunmehr probten die Musiker wochenlang ab 18 Uhr auf sehr einfachen, immerhin einigermaßen funktionstüchtigen Instrumenten. Dabei war es bitterkalt, tief verschneit, und das Stück Brot um 17 Uhr war nicht viel gewesen.[12]

Polnische Musiker musizierten mit dem Komponisten im Winter 1940/41, unter anderem Beethovens Klaviertrio B-Dur op. 11

12 *Rebecca Rischin*, For the End of Time. The Story of the Messiaen Quartet, Ithaka/New York 2003, in Überarbeitung 2006; *Hannelore Lauerwald*, Quartett auf das Ende der Zeit. Olivier Messiaen als Kriegsgefangener in Görlitz, *Das Orchester*, Jg. 43, 1995, 17–19; *dies.*, Er musizierte mit Olivier Messiaen als Kriegsgefangener, *Das Orchester*, Jg. 47, 1999, 21–23; *dies.*, Primum vivere. Zuerst leben. Wie Gefangene das Stalag VIII A Görlitz erlebten, Bautzen 2008.

(Klavier, Klarinette, Violoncello) sowie Vorformen des späteren Quartetts, und gestalteten einen für alle wichtigen »Polnischen Abend« Mitte Dezember 1940, dessen wohltuende, für die Beteiligten überlebenswichtige Wirkung auch von Carl-Albert Brüll so empfunden wurde. Olivier Messiaen hatte selbst mitgewirkt, Teile seines späteren Quartetts wurden ins Programm aufgenommen. Die zum Vortrag gekommenen Gedichte von Nardelli sind verloren gegangen. Das Programmheft für diesen »Wieczór polski« aus der Hand von Bohdan Samulski ist erhalten geblieben.

Der Austausch des gesammelten Wissens westlicher und östlicher Arbeiten zu den Ereignissen vom Winter 1940/41 hat lange auf sich warten lassen. Die bekannten politischen und vor allem sprachlichen Barrieren haben sich lange verhindernd ausgewirkt. Bei Hill/Simeone und bei Rischin zum Beispiel finden sich keinerlei Hinweise auf eine polnische Mitwirkung. Eine absichtliche Ausgrenzung ist niemandem zu unterstellen.[13]

*Die Uraufführung.* Mitte Januar kam es also zu dem musikalischen Ereignis von letzten Endes weltweiter Strahlkraft. Das Werk wurde am Mittwoch, dem 15. Januar 1941 in der zugeschneiten und unbeheizten Baracke 27 B uraufgeführt, bei allem Wissen um das Schicksal der »Entarteten Musik«[14] ein überraschendes Ereignis. An diesem Abend wären wie verbreitet berichtet 300 bis 400 überwiegend französische Lagerinsassen anwesend gewesen, wahrscheinlich aber viel weniger, und auch nicht für die 20 Reichspfennig Eintrittsgeld, wie bei anderen Klassikabenden, sondern auf Befehl

13 Interessenten finden auf der Website »www.porta-polonica.de Internetportal zur Geschichte und Kultur der Polen in Deutschland« ins Einzelne gehende Beiträge auch von polnischer Seite (u.a. von Jerzy Stankiewicz) zu diesem Thema und einer Reihe interessanter Personen, auch in deutscher Sprache. Auf das Bildmaterial, unter anderem zum »Polnischen Abend«, wird hingewiesen.

14 Name einer Ausstellung 1938 in Düsseldorf, sowie »Entartete Kunst« 1937 in München.

des Lagerkommandanten;[15] deutsche Offiziere saßen in der ersten Reihe. Polnische Soldaten gehörten nicht zu den Teilnehmern. Ein von Lagerkameraden mit Bleistift und Rotstift selbstgemachter Programmzettel stand zur Verfügung: »première audition, 15 Janvier 41. exècuté par ...«: Olivier Messiaen, Klavier; Etienne Pasquier (1905–1997), Violoncello; Jean Le Boulaire (1913–1999), Violine; Henri Akoka (1912–1975), Klarinette; alles Mitgefangene, von denen Messiaen den Klarinettisten und Cellisten schon längere Zeit kannte. Akoka hatte seine Klarinette immer im Gepäck mitgeführt und verteidigt. Pasquier hatte sein Cello in einer Görlitzer Musikalienhandlung gekauft; Lagerkameraden hatten 65 Reichsmark für diesen Zweck gesammelt. Dass die unvorbereiteten Zuhörer der Premiere zum Teil womöglich völlig perplex waren – es liegen Zeitzeugenberichte vor –[16] und wie es mit der Begeisterung tatsächlich ausgesehen haben mag, darüber kann man bis heute nur spekulieren. Zumindest eine geteilte Akzeptanz ist anzunehmen. Allein der Programmzettel ist inzwischen weltweit bekannt geworden.[17]

15 Nach *J. Stankiewicz*, Messiaen, wie Anm. 10. Eine Liste der Entlöhnungsbeträge für die Arbeit im Lager bei *H. Lauerwald*, Primum vivere, wie Anm. 12.

16 *P. Hill/N. Simeone*, Messiaen, wie Anm. 9; 102f.; *R. Rischin*, For the End of Time, wie Anm. 12; 139–143. Erste »Rezensionen« in der Lagerzeitung *Le Lumignon* vom 1. April 1941; ein neuerer Beitrag aus dem Unterhaltungssektor: *John W. McMullen*, The Miracle of Stalag VIII A. Beauty Beyond the Horror: Olivier Messiaen and the Quartet for the End of Time, Evansville/Indiana 2010.

17 Wegen des inneren Lebens der in verzweigter Form entstandenen acht Sätze und die rein musikalische Seite des Werkes wird auf die breit gefächerte und nicht endende Literatur verwiesen. Verwiesen wird auch auf das Partitur-Material zu den acht Sätzen: Liturgie de cristal / Kristallene Liturgie – Vocalise, pour l'Ange qui annonce la fin du temps / Vokalise für den Engel, der das Ende der Zeit verkündet – Abîme des oiseaux / Abgrund der Vögel – Intermède / Zwischenspiel – Louange à l'Éternité de Jésus / Lobpreis der Ewigkeit Jesu – Danse de la fureur, pour les sept trompettes / Tanz des Zorns für die sieben Trompeten – Fouillis d'arcs-en-ciel, pour l'Ange qui annonce la fin du temps / Wirbel der Regenbögen für den Engel, der das Ende der Zeit verkündet – Louange à l'Immortalité de Jésus / Lobpreis der Unsterblichkeit Jesu.

**Abb. 4** Programmzettel für den Musikabend am 15. Januar 1941

Natürlich bedurfte es einiger Personen und Umstände, die das alles ermöglichten. Je nach Blickwinkel wurde im Westen von einer »Dreiheit der Menschlichkeit« mal der eine, mal der andere in den Vordergrund gestellt: der Lagerkommandant oder der Seelsorger

**Abb.** 5 Zuhörer am 15. Januar 1941, dem Uraufführungstag des Quartetts

oder der Sprachmittler. Der deutsche Unteroffizier Brüll hatte sich für diese Musikarbeit mit Einverständnis, nach Stankiewicz auf ausdrücklichen Befehl des Lagerkommandanten Oberst Alois Bielas (vom Sommer 1940 bis Sommer 1943) und mit Unterstützung von Pfarrer Dr. Franz Scholz, dem zuständigen katholischen Lagerseelsorger,[18] eingesetzt und blieb den Beteiligten und der Musikgeschichtsschreibung in entsprechend dankbarer Erinnerung. Die häufig zu findende Ernennung zum »Hauptmann« ist nur eine liebenswürdige Aufwertung und unrichtig. – Ein Amtsbruder von Franz Scholz in vergleichbarer Situation wirkte im Lager Stalag III A

18 Dr. Franz Scholz (1909–1989), seit Sommer 1940 Pfarrer der Bonifatius-Gemeinde in Görlitz-Ost, ist der Verfasser eines Görlitzer Tagebuchs von 1945: *Franz Scholz*, Wächter, wie tief die Nacht? Görlitzer Tagebuch 1945/1946, Eltville 1984, div. Aufl., zul. Lüdenscheid 2005. Scholz wurde Professor für Theologie in Augsburg und Fulda.

in Luckenwalde bei Berlin: Der 70-jährige katholische Pfarrer Joseph Hillebrand. Auch er übernahm die Seelsorge und bewegte sich im sperrigen Gelände gefährlicher Zeiten.[19] Erst im Sommer 1941 durften gefangene französische Geistliche die ihnen gemäße Aufgabe antreten.

Die Ermöglichung von Kunst und Kultur – »Sie sind doch der Komponist, also komponieren Sie« – für eine Auswahl soldatischer Gefangener der Deutschen Wehrmacht zur fraglichen Zeit bedurfte besonderer politischer Absichten. Für die französischen Soldaten war das Bemühen um eine einigermaßen verträgliche Beziehung zur Regierung des Verdun-Helden Henri-Philippe Pétain in Vichy von Belang, aus taktischen und wirtschaftlichen Erwägungen. Deren »Kollaboration«, eine dauerhaft vieldiskutierte Komponente menschlichen Zusammen- und Gegeneinanderlebens dieser Zeit, sollte erhalten und gepflegt werden. Der Botschafter Georges Scapini hatte sich von Berlin aus für die Belange der französischen Kriegsgefangenen einzusetzen.[20]

Die »Scapini-Mission« sollte für eine Fortsetzung der privilegierten Lage französischer Gefangener sorgen. Der Blick auf die Vichy-Regierung, die häufigen Kontrollen durch das Internationale Rote Kreuz und die Selbstdarstellung als Kulturnation gegenüber den westeuropäischen Kriegsgegnern sorgten für eine ganz eigene Behandlung der Belgier, Franzosen und Engländer.[21] Gerade Musikern ging es relativ gut, und Rebecca Rischin lässt den späteren

19 *Wolfgang Knauft*, Schnitter, KZ-Häftlinge, Zwangsarbeiter, Berlin 2001, 48f.

20 *Yves Durand*, Vichy und der Reichseinsatz, in: *Ulrich Herbert* (Hg.), Europa und der Reichseinsatz, Essen 1991. Für die Behandlung der Kriegsgefangenen war die Genfer Konvention von 1929 grundlegend, nach Art. 82 auch für jene Staaten, die nicht zu den Unterzeichnern gehörten.

21 Nach dem Ende des West-Feldzugs im Sommer 1940 waren von den 3,5 Millionen Kriegsgefangenen 1,8 Millionen Franzosen, 700 000 Polen, 30 000 Belgier, 250 000 Niederländer.

Staatspräsidenten François Mitterand berichten, dass er gerne zu den Musikern gegangen ist, weil es dort immer etwas wärmer war und vielleicht etwas mehr zu essen gab.[22] Des Weiteren ist zu berücksichtigen, dass in der besagten Zeit der Zweite Weltkrieg noch nicht jene Ungeheuerlichkeiten entwickelt hatte, die mit fortschreitender Brutalisierung und Entmenschlichung das Ganze zu seiner Einmaligkeit in der Weltgeschichte ausformten.

*Legenden.* Der unwiderstehliche Charme der Entstehungsgeschichte dieser Kammermusik, nach dem Urteil von Fachleuten eine der bedeutendsten des 20. Jahrhunderts und immer wieder einem stets intensiv berührten Publikum dargeboten, ja inzwischen zu einem Allgemeingut geworden, sorgte im Laufe der Zeit für umfangreiche Legendenbildung, und erst allmählich nimmt die falsche Vermittlung romantischen Unsinns wieder ab. Die Mythenbildung bezieht sich auf verdienstvolle Beteiligte von künstlerischer oder militärischer Seite. Die zeitweilige Legende, der Konzertpianist Franzpeter Goebels (1920–1988), seit 1947 am Robert-Schumann-Konservatorium und seit 1958 Professor an der Nordwestdeutschen Musikakademie Detmold, habe etwas mit der Entstehung der Komposition zu tun gehabt, kann als unzutreffend betrachtet werden. Auch Oberstleutnant Günther von Hase, vom 22. Mai 1942 bis 20. September 1943 Stellvertretender Lagerkommandant im Stalag VIII A, hatte mit der Sache nichts zu tun, wird aber gern assoziiert, weil er Bruder des Generalleutnant Paul von Hase war, der im Zusammenhang mit dem 20. Juli 1944 hingerichtet wurde.[23]

22 *R. Rischin*, End of Time, wie Anm. 12; 25, mit Blick auf den späteren Staatspräsidenten als Kriegsgefangenem u.a. im Stalag IX A (1916–1996, im Amt von 1981 bis 1995). Über die Bedeutung von »Musik zum Überleben« wird in *Nachtrag 2* ausführlicher berichtet.

23 Die Assoziationskette erfasste auch den Diplomaten und späteren Intendanten des ZDF (Zweites Deutsches Fernsehen) Karl-Günther von Hase (1977–1982). Dieser war Klassenkamerad von Eric Hobsbawm am Prinz-Heinrichs-Gymnasium in Berlin gewesen. Siehe *E. Hobsbawm*, Gefährliche Zeiten, wie Anm. 2, 69f. Er hatte natürlich auch nichts mit den Ereignissen in Görlitz zu tun.

In solchen Fällen spielt das Wunschdenken der Verehrergemeinde eine große Rolle.

Der Mythos sorgte für die Vorstellung von märchenhaften Umständen. Zu den berührenden Begleitumständen gehört zum Beispiel, dass Mitgefangene – wie erwähnt – tatsächlich von ihrem Arbeitsentgelt 65 Reichsmark sammelten, um ein schlichtes Cello in Görlitz zu kaufen, denn Kriegsgefangene aus den westlichen Nationen erhielten ein kleines Entgelt für ihren Arbeitseinsatz unter Lagerverhältnissen der Deutschen Wehrmacht.[24] Manche legendenhaften Facetten wurden von dem Komponisten selbst erfunden. Dazu gehören vor allem die »fünftausend Zuhörer bei der Uraufführung«, eine völlig abwegige Zahl, und dennoch lange Zeit sehr gern zitiert in Programmheften auch renommierter Konzerthäuser, in Nachschlagewerken und Konzertführern; ferner das Cello mit den drei Saiten, die klemmenden Tasten des armseligen Barackenklaviers und andere anrührende Details. Messiaen hatte dann und wann selbst über die Entstehung des Quartetts in dieser Weise berichtet, zum Beispiel im Vorwort zum Erstdruck 1942. Das nahm bereits Antoine Goléa (wirklicher Name: Siegfried Goldman, 1906–1980) in seiner Publikation »Rencontres avec Olivier Messiaen« (Paris 1961) zum Anlass für eine kritische Annäherung an dieses Thema.[25]

*Für das Überleben.* Brüll wird unter anderem auch der Tipp an die Musiker zugeschrieben, dass auf einem Fragebogen die Angabe »Sanitäter« anzugeben recht geschickt wäre und vielleicht für eine bevorzugte Entlassung sorgen könnte. Dem sind die französischen und

---

24 *H. Lauerwald*, Primum vivere, wie Anm. 12; 14f., mit einer Lohntabelle für »nichtsowjetische Kriegsgefangene«.

25 *Claus-Christian Schuster*, Einführung zu Olivier Messiaen, Quatuor pour la Fin du Temps, in: *Gesellschaft der Musikfreunde in Wien* (Hg.), Programmheft zum Konzert des Altenberg Trios Wien, Wien April 2011, eine die »Fallen im Kulturbetrieb« sorgfältig vermeidende Darstellung.

belgischen Soldaten gefolgt, mit gutem Ausgang, wovon später noch die Rede sein wird. Auch Manipulationen an Papieren und die Verwendung von nachgemachten Stempeln («Kartoffelstempel«) zum Wohl der Lagerinsassen werden Brüll zugeschrieben, ebenso die Empfehlung, man möge stets Uniform tragen, damit man durch die Genfer Konvention wenigstens bis zu einem gewissen Grade geschützt sei.[26]

Auf diese Umstände wies in Sonderheit David Gorouben hin, ein französischer Handwerksmeister im Görlitzer Lager, dessen Aura bis heute fesselt. Er war – als zur Arbeit verpflichteter Kriegsgefangener – in der Görlitzer Täschnerei von Karl Bartsch so gut integriert, dass er auch nach dessen Tod den Betrieb weiterführte und die Kundinnen mit seinen beliebten Lederwaren versorgte.[27] Nach Kriegsende zog es ihn jedoch in die Heimat zurück, wo er 1952 zum »Handwerker des Jahres« wurde, seinem Freund Carl-Albert Brüll verbunden blieb und zu ihm und zur Familie Bartsch in Berlin (West) dauerhaft Kontakt pflegte. Dass Brüll speziell viel für jüdische Gefangene getan hätte, lässt sich nicht validieren; Akoka und Gorouben waren Juden. Der Leiter der Belgischen Mission zu Berlin weiß später von Zeugenaussagen zu berichten, dass Brüll jüdische Kriegsgefangene unterstützt und ihnen »heimlich Gebetbücher ihres Glaubens beschafft« habe.[28]

---

26 *H. Lauerwald*, Primum vivere, wie Anm. 12; 74f. und *R. Rischin*, End of Time, div. Bezüge.

27 Zu Gorouben bei *H. Lauerwald*, Primum vivere, wie Anm. 12; 58–61 und persönlich Wolfgang Liebehenschel.

28 *Belgische Mission zu Berlin*, Brief vom 5. Januar 1957 an den Berliner Senator für Inneres, Joachim Lipschitz, unter Hinweis auf eine Denkschrift der ehemaligen belgischen Kriegsgefangenen über Carl-Albert Brüll für Königin Elisabeth (von Belgien) und das besondere Interesse des Königshauses an diesem Fall, mit der Bitte um Unterstützung für diesen »Republikflüchtling«. Privatbesitz Dr. Friedrich Bilzer. Weiter unten ausführlicher dazu.

Auch hatte Brüll nicht direkt für die Entlassung Messiaens gesorgt, sondern vielen den Hinweis gegeben, »als Sanitäter« den Zug in die Heimat nicht zu versäumen. Messiaen wurde am 15. Februar 1941 nach sieben Monaten Lagerzeit entlassen. Die erste Folge-Aufführung des Quartetts fand am 24. Juni 1941 in Paris statt, danach in Brüssel, danach beim Musikverein in Wien. – Die Musiker aus dem Görlitzer Quartett standen 1995 Hannelore Lauerwald und Rebecca Rischin in Paris für Gespräche zur Verfügung, auch mit Blick auf die Rolle Brülls, namentlich Etienne Pasquier noch kurz vor seinem Tode. Olivier Messiaen war 1992 gestorben.

Dass Messiaen selbst all' diesem und auch den »real heroes of the day« (Ann McCutchan) zu wenig Aufmerksamkeit geschweige denn Wertschätzung geschenkt hat, wurde ihm später durchaus zum Vorwurf gemacht. Auch dass Carl-Albert Brüll in Begleitung seines jüdischen französischen Freundes David Gorouben 1968 bei Messiaen in Paris zu einem Besuch erschien und nicht vorgelassen wurde, dürfte nicht allein an einer Kette von Missverständnissen gelegen haben. Man mag bedenken, dass Messiaen in der Mitte der sechziger Jahre einem weiteren Höhepunkt seines Schaffens und seiner Prominenz entgegenstrebte,[29] sodass zu den Gratulanten der Erzbischof, Charles de Gaulle und manch andere Prominente gehörten, und dass ihm auch deshalb das Erscheinen »alter Kameraden« nicht mehr so wichtig war und die drohende Aufhellung zwischenzeitig selbsterhöhender Legenden schon gar nicht. Die Klarinettistin Ann McCutchan musste lernen, wie sie sagt, dass auch ein Mensch, der große Kunst schafft, nicht unbedingt ein bewunderungswürdiger Mensch sein muss.[30] Die Pariser

29 Siehe Kapitel bei *Hill/Simeone*, »Eine Persönlichkeit des Establishments?«

30 *Ann McCutchan*, Reaching for the End of Time, in: *Circular Breathing*. Meditations from a Musical Life, Santa Fe 2011, 113–134, hier 133f. Dieser prämierte Artikel ist auch online verfügbar.

Szene erfuhr immer wieder Deutungsversuche und wird sich wohl nicht mehr aufklären lassen.[31]

Dieses exzeptionelle Kunstszenario darf auch keineswegs darüber hinwegtäuschen, dass dieses Lager an der Neiße in erster Linie ein Ort des Leidens und des Schreckens war, für alle, insbesondere für die sowjetischen Soldaten. Zu deren Behandlung spricht der Erlass von Generalfeldmarschall Wilhelm Keitel vom 8. September 1941 eine ganz eigene Sprache. Der Begründung mit Stalins Nicht-Unterzeichnung der Genfer Konvention konnte selbst Admiral Wilhelm Canaris nicht folgen. Korrekte Behandlung war auch gegenüber »Nicht-Unterzeichnern« vorgeschrieben.[32]

Das Bild einer Insel von Zivilisation in einem Meer von menschlichem Leiden, die Paradoxie von moderner Musik und nationalsozialistischer Kunstdoktrin, der vielleicht auch propagandistische Missbrauch der in Gefangenschaft geratenen Kulturschaffenden und Prominenten: Das alles sorgt heute und weiterhin für Gesprächsstoff unter Kunstfreunden und spiegelt die Sehnsucht nach unzerstörbaren Keimen der Menschlichkeit in Konfrontation mit den Kräften des Bösen und den Verächtern der Humanität. Brüll selbst vermerkt dazu am 26. September 1982 in einem Brief an Wolfgang Liebehenschel, dem Sohn eines Dolmetscherkollegen für polnische Sprache im Stalag VIII A:

---

31 *J. Stankiewicz*, Messiaen, wie Anm. 10, 81. Auf drei romanhafte Rückblicke auf das Görlitzer Szenario sei ergänzend hingewiesen: *Zdzisław Nardelli*, Otchłań ptaków (Schlucht der Vögel), Katowice 1989; *John W. McMullen*, The Miracle of STALAG 8 A. Beauty Beyond the Horror. Olivier Messiaen and the Quartet for the End of Time, Evansville/Indiana 2010; *Johanna Skibsrud*, Quartet for the End of Time, Toronto 2014.

32 Bundesarchiv, Militärarchiv Freiburg RW 6 Nr. 279. Vgl. *B. Beckmann*, Die Behandlung, wie Anm. 7, 76f.

»Man wird immer wieder mal im Leben von seiner Vergangenheit eingeholt. Den heutigen [Tag] habe ich u.a. dafür benutzt, in alten Papieren zu kramen. Dabei fand ich inliegenden Brief von Prof. Dr. Scholz vom 1.1.1974. [...] Daß ich ein Stück »Engel« für die Gefangenen gewesen sein soll, ist gewiß stark übertrieben. Ich habe dort nur meine Pflicht als Sonderführer, wie beim Barras die Dolmetscher genannt wurden, getan und diese Pflicht schloß gottlob ein humanitäres Verhalten nicht aus. Dafür, daß die Kriegsgefangenen im Stalag VIII A korrekt nach Vorschriften der Genfer Konvention, insbesondere dem Abkommen über die Behandlung der Kriegsgefangenen vom 27. Juli 1929 behandelt wurden, spricht m.E. die Foto-Serie, von den Kriegsgefangenen selbst angefertigt, eine sehr deutliche und klare Sprache. Die Fotos drücken mehr aus als viele Worte [...] Ich habe selbst mal anno 1941 einen Kranz für einen innerhalb des Lagers versehentlich erschossenen belgischen Sergeanten namens André Greff im Auftrage des deutschen Kommandanten dort niedergelegt. Alle Offiziere des Stalag kniffen bei dieser mehr als peinlichen Aufgabe. Es gibt ja eine große französisch-belgische Amicale. Ich war 1968 zu einem sehr eindrucksvollen Treffen in Brüssel eingeladen; im Verlaufe dieses Treffens wurde ich zum »Ehrenmitglied' ernannt und erhielt vom Vorsitzenden das Abzeichen dieser Amicale überreicht [...]«[33]

In den Konzertsälen und ausschnittweise bei manchen Kunstprojekten hat das »Quartett auf das Ende der Zeit« seit langem einen festen Platz. Seit geraumer Zeit wird einmal im Jahr am 15. Januar auf dem ehemaligen Lagergelände diese Komposition zu Gehör gebracht. Das Projekt in dem deutsch-polnischen Städtezwilling ver-

33 Nach *H. Lauerwald*, In fremdem Land, wie Anm. 6; 106f. – Brüll bezieht sich auf das *Abkommen über die Behandlung von Kriegsgefangenen* der Genfer Konvention von 1929.

**Abb. 6** Carl Albert Brüll am Grab eines
»versehentlich erschossenen« belgischen Soldaten

steht sich über den Gedenkstättencharakter hinaus als europäisches Zentrum für politische Bildung und Verständigung, insbesondere für junge Menschen. Als Leitmotiv und für die begriffliche Überschrift wirken die Impulse, die von der Musik Olivier Messiaens ausgehen, seinem Aufenthalt und seinem Schaffen an diesem Ort. Am 15. Januar 2015 wurde das Zentrum auf polnischer Seite formell eröffnet und arbeitet seitdem daran, den hier skizzierten Vorgängen Raum und Nachhall zu verschaffen. Auf der westlichen Seite von Görlitz engagiert sich – wie erwähnt – der 2006 gegründete Verein Meetingpoint Music Messiaen in diesem Sinne: Erinnerung an das Lager, Bezug auf Messiaen und seine Komposition, Gegenwarts- und Zukunftsarbeit mit jungen Menschen.

## Für Recht: Der stalinistische Schauprozess an der Neiße

Im Anschluss an Görlitz kam Carl-Albert Brüll an der Westfront zum Einsatz, wiederum als Sprachmittler, schließlich am 27. August 1944 in der Normandie, wo die Alliierten inzwischen gelandet waren. Er kam am 28. August 1944 in britische Gefangenschaft und überlebte drei verschiedene Lager.

Dann wandte sich am 25. Juli 1946 die belgische Amicale (ehemaliger Kriegsgefangener) an den Belgischen Botschafter in London, dieser an den belgischen Ministere de la Defense Nationale / Ministerie van Landsverdediging und dieser über die Mission de Londres (48 Eaton Place, London S.W.I.) an das britische War Office. Auf Grundlage konkreter Dokumente erklärte man Brülls bevorzugte Entlassung aus der Gefangenschaft für richtig und wichtig und verlieh der Angelegenheit durch persönliche Initiative Nachdruck. So konnte man am 15. August 1946 an die Bittsteller zurückmelden, dass das War Office nach eigenen Erkundigungen mit entsprechend günstigen Ergebnissen einer zügigen vorzeitigen Entlassung des deutschen Wehrmachtssoldaten zugestimmt habe. Im originalen Wortlaut heißt es:

> »Me basant sur le contenu des cette lettre, j'ai fait une démarche personnelle auprés du War Office, car vous comprendrez qu'il est difficile de traiter cette affaire uniquement par la voie officielle.
>
> Le War Office, aprés avoir pris des renseignements dans le Camp oû est interné Carl-Albert Brull renseignements au surplus favorables-m'a fait savoir que, sur ma demande, un rapatriement par priorité serait accordé à l'intéressé.

J´ai fait cette demande, et je pense que la question est réglée. Ce rapatriement aura sans doute lieu rapidement.«[34]

Nicht viel später, am 28. Oktober 1946, stellte ihm auch der britische Lagerkommandant ein Zeugnis aus: »Dr. Bruell has been in charge of re-education [...]«, in Übersetzung:

»Dr. Brüll ist seit dem September 1945 mit der Re-Education im Lager Penkridge beauftragt. Ich kenne ihn persönlich seit dem Mai 1946. So weit es seine Arbeit in der Umerziehung betrifft, war Dr. Brüll außerordentlich erfolgreich in seinen Bemühungen. Das liegt in erster Linie an dem natürlichen Interesse, das er allen Dingen, die mit Re-Education zusammenhängen, entgegenbrachte, an seiner Fähigkeit, mit komplexen Alltagsproblemen umzugehen, die in einem Kriegsgefangenenlager auftauchen, und nicht zuletzt an seinem unermüdlichen Eifer. Dass Dr. Brüll immer ein aktiver Gegner der Nazi-Anschauungen gewesen war, ist bekannt durch sein zuverlässig dokumentiertes Verhalten gegenüber alliierten Soldaten während seines Einsatzes beim Personal in einem Kriegsgefangenenlager in Deutschland. Darüber hinaus aber hat Dr. Brüll durch sein Verhalten in diesem Lager gezeigt, dass seine Lebenseinstellung fundiert ist durch eine wohltuende Einstellung gegenüber seinen Mitmenschen und der Lebenswelt, die ihn umgibt. Ich wünsche ihm allen Erfolg für seine Zukunft. Lt.Col. Commandant.«[35]

34 Privatbesitz F. Bilzer.

35 Privatbesitz F. Bilzer.

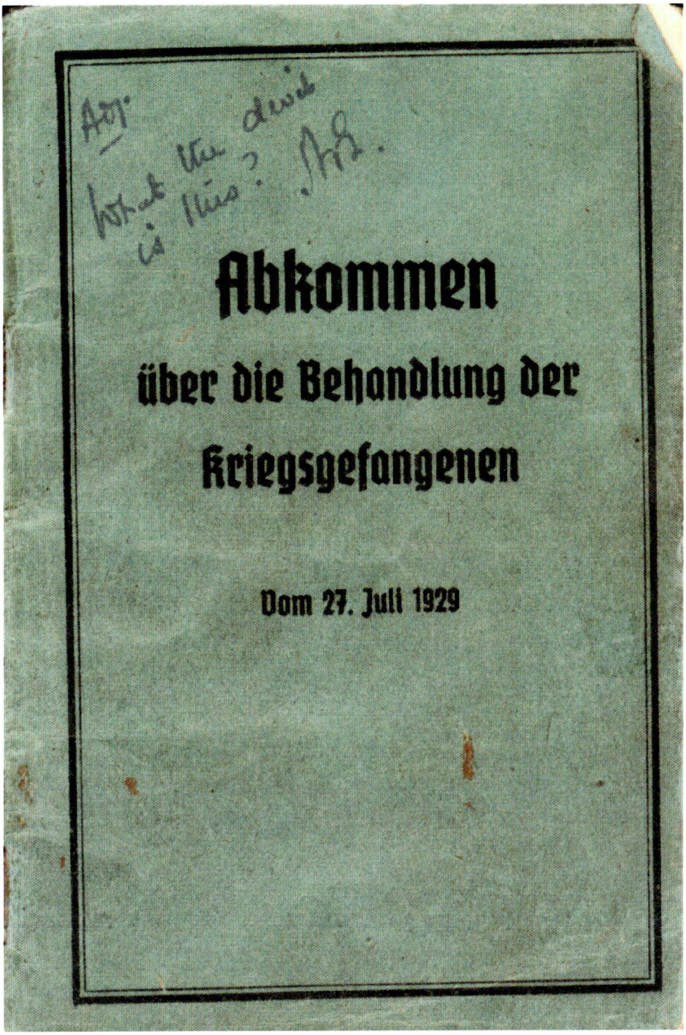


**Abb. 7** Im Lager Penkridge: Brülls Exemplar des Abkommens über die Behandlung der Kriegsgefangenen vom 27. Juli 1929. Notiz: »What's the devil is this?«

Am 2. Januar 1947 wurde der deutsche Soldat in die Heimat entlassen. Nach einer kurzen Zwischenstation in Göttingen entschied sich der Heimkehrer für die Rückkehr in seine Vaterstadt. Brüll kehrte Anfang 1947 nach Görlitz zurück und setzte die Arbeit als Anwalt fort.[36] Eine kleine Sammlung von »Persilscheinen« aus der Hand von Sozialisten und überlebenden jüdischen Bürgern, die ihm eine »aufrechte Haltung« in der NS-Zeit und eine resistente Einstellung bescheinigten, mag für ihn nicht von so großer Bedeutung gewesen sein.

*Ein Feld voller Risiken.* Anfang 1948 kam auf ihn die Übernahme eines Falles zu, der in der Görlitzer Stadthalle verhandelt werden sollte.[37] Es ging um den Prozess gegen zwei nationalsozialistische Repräsentanten des Görlitzer Kriegsendes: den ehemaligen Oberbürgermeister Dr. Hans Meinshausen und den ehemaligen NSDAP-Kreisleiter Dr. Bruno Malitz. Beide waren von der Sowjetischen Militäradministration für Deutschland SMAD und der von der Sozialistischen Einheitspartei Deutschlands SED kontrollierten Justiz in Sachsen Anfang 1947 bei der amerikanischen Zonenverwaltung in Hessen (Darmstadt) und Bremen angefordert worden: wegen Verbrechen in der Kriegsendphase. General Lucius D. Clays Rechtsexperten, namentlich der Berater William L. Dorn, hatten durchaus Bedenken und wirkten hinhaltend im Verlauf des Jahres 1947.[38]

---

36 Die Behörde des Beauftragten für die Unterlagen des Staatssicherheitsdienstes der ehemaligen Deutschen Demokratischen Republik, BStU MfS BV Dresden Ast 5969/85, Bl. 9; SächsHStsArchivDresden LRS MdJ RA B 1145, unpaginiert.

37 SächsHStArchivDresden 12 ZA 55 11999 Ordner 6 Akte 1, unpaginiert.

38 *Walter L. Dorn*, Inspektionsreisen in der US-Zone. Notizen, Denkschriften und Erinnerungen aus dem Nachlaß (übersetzt und herausgegeben von Lutz Niethammer), Stuttgart 1973. – Hessen und Bremen/Bremerhaven gehörten zur amerikanischen Verwaltungszone.

Dennoch kam es im Winter 1947/48 zur Auslieferung auf Grund vager, nicht genauer ausgeführter Beschuldigungen: Tötungsverbrechen gegenüber Bürgern von Görlitz und Insassen des nahe gelegenen Konzentrationslagers Biesnitzer Grund sowie »Zwangsevakuierung der Bevölkerung« vor der anrückenden Roten Armee mit leidvollen Folgen.[39] Beide wurden im Dezember 1947 aus ihren Lagern in Bremen und Darmstadt abgeholt und in das Polizeigefängnis Görlitz gebracht, ein vergleichsweise seltener Vorgang.

Brüll hatte sich unverzüglich gegen die Übernahme der Verteidigung von Meinshausen gewehrt, aus verschiedenen plausiblen Gründen. Denn Vorbehalte gegen die Übernahme einer Verantwortung als Verteidiger waren nur zu verständlich. Es handelte sich um ein gefährliches und vermintes Feld. Immerhin hatte es kurz zuvor einen Eklat gegeben, weil ein Anwalt, selbst Verfolgter des Naziregimes, Juristen aus dem »Dritten Reich« anwaltlich erfolgreich vertreten hatte. Es war der jüdische Rechtsanwalt Dr. Fritz Salo Glaser, der dieses Engagement teuer bezahlen musste.

Fritz Salo Glaser, geboren am 30. August 1876 in Zittau, verstorben am 18. Oktober 1956 in Dresden, war Sohn des Vorsitzenden der israelitischen Gemeinde in Zittau. Glaser war selbst nicht religiös und lebte »in privilegierter Mischehe«. Er hatte eine Tochter. Nach dem Ersten Weltkrieg war er Vertragsanwalt der »Roten Hilfe« in Dresden, neben zum Beispiel Hilde Benjamin und Rolf Helm, wovon noch die Rede sein wird. Er betrieb den Aufbau einer bedeutenden Kunstsammlung, darin u. a. vertreten: Willi Baumeister, Kurt Schwitters, Otto Dix mit 60 Arbeiten und Paul Klee, deren Auflösung nach dem Verbot der Berufsausübung 1933 begann. Bis 1937 hatte Glaser noch eine Anwaltskanzlei; danach war er ohne Einkommen.

---

39 *Rolf Hensel*, Stufen zum Schafott. Der Stadtschulrat von Berlin und Oberbürgermeister von Görlitz: Hans Meinshausen, Berlin 2012.

Es kam zu illegalen Verkäufen von Gemälden: verboten durch die »Verordnung zum Einsatz des jüdischen Vermögens«. Die Familie Glaser überlebte. Nach 1945 wurde die anwaltliche Arbeit in Dresden wieder aufgenommen; gleichwohl kam es zum fortgesetzten Verkauf von Kunstgegenständen zur Existenzsicherung.

Glaser wurde der Status eines »Opfer des Faschismus« und damit die aktuelle Lebenssicherung entzogen; er wurde mannigfaltigen Repressalien unterworfen.[40] Was war geschehen? Im Sommer 1947 waren Juristen der NS-Zeit in Dresden vor Gericht gestellt worden.[41] Vier NS-Richter und zwei Staatsanwälte hatten gegen nach Deutschland verschleppte Tschechen wegen Hoch- und Landesverrat Todesurteile beantragt. Es gelang Glaser, für alle Angeklagten die Todesstrafe abzuwenden. Er hatte aus tatsächlichen und rechtlichen Gründen auf Freispruch plädiert. In seinem Plädoyer führte Glaser aus:

> »Wenn ich hier die Angeklagten verteidige, so tue ich es wahrlich nicht als Faschist oder als ein Mann, dem der Faschismus sympathisch wäre. Aber die Tatsache, daß ich ein Hitlerfeind bin, erstickt in mir nicht das Bedürfnis nach Gerechtigkeit, mindestens nach individueller Gerechtigkeit.«[42] Schlusswort des Plädoyers: »Lösen Sie sich von der vergiftenden Atmosphäre

---

40 *Sabine Rudolph*, Die Auflösung der Sammlung des Rechtsanwalts Dr. Fritz Salo Glaser, in: *KUR. Kunst und Recht. Journal für Kunstrecht, Urheberrecht und Kulturpolitik*, Jg. 8, 2006, Nr. 6, 141–144; *Gerald Hacke*, »... so unpolitisch ...«. Der Dresdner Rechtsanwalt Fritz Glaser (1876–1956), in: *Andreas Kötzing/Francesca Weil/Mike Schmeitzner/Jan Erik Schulte*, Vergleich als Herausforderung. Festschrift für Günther Heydemann zum 65. Geburtstag, Göttingen 2015, 185–204.

41 *Christiaan Frederik Rüter*, DDR-Justiz und NS-Verbrechen. Sammlung ostdeutscher Strafurteile wegen nationalsozialistischer Tötungsverbrechen, München 2007, Bd. X, 533–566.

42 SächsHStArchivDresden LRS MdJ Nr. 703, Bl. 194, 215.

> der Politik. In einem Rechtsstreit, in dem es sich um die Menschlichkeit handelt, bitte ich Sie, sehen sie es von dem Standpunkt des Menschen, vom reinen, klaren, einfachen Standpunkt der reinen, klaren, einfachen Menschlichkeit.«

Die Verhandlung vom 27. Mai bis 2. Juni 1947 schloss mit vergleichsweise milden Freiheitsstrafen ab. Diese Urteile führten zu einem Skandal. Nach einer Kampagne in Presse und Rundfunk gegen das Urteil wurde Glaser durch Beschluss der Prüfungskommission beim Rat der Stadt Dresden, Ortsausschuss Opfer des Faschismus, am 3. Juni 1947 der Status eines »Opfer des Faschismus« aberkannt.[43] Sein Plädoyer sei »eine Unterstützung neofaschistischer Bestrebungen« gewesen. Glaser musste es als schlechterdings »absurd, ... widersinnig und bizarr« erleben, seine Existenz durch dieses Berufsverbot erneut bedroht zu sehen.

Es ging nicht nur der Status, sondern auch die Wiedergutmachungsrente verloren, so dass die wirtschaftliche Lage des inzwischen fast 70-Jährigen und seiner Familie sich noch einmal so dramatisch verschlechterte wie unter den Nazis. Glaser hatte zeitweise verborgen gelebt und war mehrfach nur knapp der Deportation entgangen.[44] Auch dieser Anwalt gehört in die Nachkriegskategorie »doppelt verfolgt«. Im Jahr 2014 wurde sein Schicksal im Zusammenhang mit der wiederentdeckten Kunstsammlung von

43 In bekannter Weise polemisierten die Betriebe und Ausschüsse mit wohlgesetzten Worten gegen das Urteil, namentlich auch die Vereinigung der Verfolgten des Naziregimes VVN. BArchivBerlin DY 55/V 148/4/39, unpaginiert. Literarische Verweise fehlen durchaus nicht: »Milde gegen die Mörder ist Verbrechen an den Opfern« (Romain Rolland).

44 *Gerald Hacke*, Der Dresdner Juristenprozess 1947 im Spannungsfeld der politischen und medialen Auseinandersetzung, in: *Jörg Osterloh/Clemens Vollnhals* (Hg.), NS-Prozesse und deutsche Öffentlichkeit. Besatzungszeit, frühe Bundesrepublik und DDR, Göttingen 2011, 167–188.

Cornelius Gurlitt in München einer größeren Öffentlichkeit bekannt, als etwa 13 Kunstwerke aus dem Besitz Fritz Salo Glasers in dieser Sammlung identifiziert und Bestandteil der juristischen Auseinandersetzung um die Restitution wurden. Das Otto-Dix-Gemälde der Familie Glaser aus dem Jahre 1925 ist in den Dresdener Staatlichen Kunstsammlungen zu sehen.

Nicht zuletzt unter dem Eindruck der Vorgänge von 1947 schrieb der als Offizialverteidiger für den ehemaligen Oberbürgermeister vorgesehene in Görlitz ansässige Rechtsanwalt Carl-Albert Brüll am 31. März 1948 zum zweiten Mal an das Landgericht Bautzen:

> »In der Strafsache gegen Dr. Malitz und Dr. Meinshausen lege ich gegen den mir heute zugestellten Beschluss der Zweiten Großen Strafkammer des Landgerichts Bautzen vom 30.3.48 Beschwerde ein mit dem Antrag: mich von der Offizialverteidigung des Herrn Dr. Meinshausen zu entbinden. Außer den bereits in meiner Eingabe vom 25.3.48 angegebenen Gründen führe ich noch folgendes an: Es ist keinem Görlitzer Anwalt, also auch nicht mir, zuzumuten, einen Mann zu verteidigen, der an maßgebender Stelle in Görlitz daran beteiligt war, die hiesige Einwohnerschaft zu unterdrücken und zu terrorisieren. Meine eigenen nächsten Angehörigen sind evakuiert worden und damit Opfer dieses Terrors geworden. Infolgedessen habe ich nicht die notwendige Objektivität, die nötig ist, um in dieser wichtigen Strafsache eine sachgemäße Verteidigung zu führen.«[45]

45 BStU MfS Ast StKs 13/48 Bd. 4, Bl. 251. Beim ersten Rücktrittsversuch hatte Brüll neben Arbeitsüberlastung geltend gemacht, dass in Sachen Kriegsverbrecher »nicht immer auf die gleichen Verteidiger zurückgegriffen« werden könne. Ebd., Bl. 241.

*Der Fall Meinshausen.* Dieser erneute Versuch, aus der Sache herauszukommen, wurde abermals abgewiesen; der Anwalt musste die Offizialverteidigung übernehmen. Worum ging es? Zwei überzeugte und ausgewiesene Nationalsozialisten sollten »ihrer gerechten Strafe« zugeführt werden: Kreisleiter Dr. Bruno Malitz und Oberbürgermeister Dr. Hans Meinshausen. Sie waren aus Berlin gekommen. Brülls Mandant Meinshausen hatte die Karriere eines überzeugten Nationalsozialisten in der Berliner Bildungsverwaltung, der seinen ganzen Glauben und seine Hoffnungen auf das Denken des »Dritten Reiches« wendete, zum Wohle aller – und seiner selbst, natürlich.

Der Enkel des Philosophen Friedrich Albert Lange (1828–1875) wurde am 23. Februar 1889 in Eschwege/Hessen geboren, besuchte das Philippinum in Marburg, nahm am Ersten Weltkrieg teil (ausgezeichnet mit dem Eisernen Kreuz I), studierte in Greifswald Geschichte, Deutsch und Religion. Er war Redakteur und Studienassessor in Bad Ems, übernahm Funktionärsarbeit für den Assessorenverband in Berlin, wurde 1929 Studienrat am Schiller-Realgymnasium in Berlin-Charlottenburg und trat in die NSDAP ein: Gauredner, Reichsredner, Mitglied im Nationalsozialistischen Lehrerbund NSLB, Gaugeschäftsführer, Stellvertretender Gauleiter nach Joseph Goebbels für Groß-Berlin, Stadtschulrat für Groß-Berlin von März 1933 bis Sommer 1944, viele weitere Ämter. Meinshausen hatte vier Kinder. Im Sommer 1944 wurde er als Oberbürgermeister nach Görlitz versetzt. Goebbels mochte ihn nicht mehr haben, wie viele andere nicht. 1940 bis 1943 war er noch an der Ostfront. Danach sollte er aus dem Dunstkreis des Reichspropagandaministers endgültig verschwinden. Der allgemeine Untergang ereilte ihn in den letzten Stunden des Zweiten Weltkriegs als Oberbürgermeister in Görlitz an der Neiße.[46]

46 Siehe *R. Hensel*, Stufen zum Schafott, wie Anm. 39.

**Abb. 8** Die Angeklagten Hans Meinshausen und Bruno Malitz beim Prozess in der Görlitzer Stadthalle, 1948

Die Sowjets und die Akteure der Sowjetzone hatten 1947 von den Amerikanern die Auslieferung verlangt. War General Lucius D. Clay und seinen Leuten die Sache nicht so wichtig, obwohl der Kalte Krieg bereits über den Horizont stieg? In einem lange Zeit wenig bekannten frühen Schauprozess auf der Grundlage des Befehls 201 der SMAD im April 1948 in Ostsachsen – einem »Nürnberg der Zone«, so Generalstaatsanwalt Rolf Helm, – wurden ihm bestialische Verbrechen gegen die Menschlichkeit und rücksichtslose Evakuierung der Zivilbevölkerung vorgeworfen.

*Ein Bühnenstück.* Nichts hatte den offenkundigen Unsinn der stalinistischen Prozesspraxis aufhalten können.[47] Brüll hat sich

47 *Mike Schmeitzner/Stefan Donth*, Die Partei der Diktaturdurchsetzung. KPD/SED in Sachsen 1945–1952, Köln 2002; *Mike Schmeitzner*, Formierung eines neuen Polizeistaates. Aufbau und Entwicklung der politischen Polizei in Sachsen 1945 bis 1952, in: *Rainer Behring/Mike Schmeitzner* (Hg.), Diktaturdurchsetzung in Sachsen. Studien zur Genese der kommunistischen Herrschaft 1945–1952, Köln 2003, 201–267.

nach Kräften und mit der »notwendigen Objektivität« seiner Aufgabe gewidmet. Er musste sich mit den Behinderungen, den Risiken und politisch begründeten Gefährdungen auseinandersetzen, eine respektable Gratwanderung. Es stand wenig Zeit zur Verfügung. Die Fallakten durften nicht vorher eingesehen werden. Die Ladung von Zeugen der Verteidigung wurde abgelehnt. Die Anwälte sollten nicht wirklich wirksam tätig werden, aber immerhin so auftreten, dass der Schein von Rechtsstaatlichkeit erlebbar würde und die Zeremonie komplett aussähe: für die Schein-Justiz von SBZ und DDR auf dem Weg in den späteren Unrechtsstaat, auch mit Hilfe der Strafjustiz. – Es wurde nicht versäumt, Prominente aus Politik und Verwaltung von Nah und Fern zum »Theaterbesuch« einzuladen, sogar die Stellvertretende Oberbürgermeisterin von Groß-Berlin, Frau Louise

**Abb. 9** Stadtfunk und Zuhörer, Übertragung vom Stadthallen-Prozess auf dem Görlitzer Obermarkt

Schroeder (SPD). Es gibt keinerlei Hinweise, dass diese eine Teilnahme erwogen hätte.[48]

Es spricht alles dafür, dass die Pflichtverteidiger trotz allem ihre Aufgabe in klassischer und seriöser Weise wahrgenommen haben und mutig gegen die frühe Wirksamkeit der Politischen Polizei und den aggressiven Generalstaatsanwalt Rolf Helm ankämpften.

Die beiden Anwälte behandelten ausführlich Verfahrensprobleme, Fragen der Rechtsauffassung und die Behinderung der Verteidigung durch Verhinderung der Akteneinsicht, die Nichtladung von Entlastungszeugen und Gesprächen mit Mandanten unter Anwesenheit Dritter.[49] Die beiden Pflichtverteidiger Kurt Harnisch und Carl-Albert Brüll taten, was sie konnten, nahmen ihre Aufgabe nach anfänglichem Zögern doch sehr ernst und brachten ihre Erfahrung und Kompetenz in einer tapferen, prinzipienorientierten und spürbar engagierten Weise ein. Brüll nahm im Revisionsantrag das Urteil schrittweise »auseinander«.[50] Das beginnt bei der privaten biographischen Schrift Helmuth Fechners von 1934, deren unzulässige Verwendung und die Nichtladung des Autors, geht über zu dem Versäumnis, »Haltung« und »Handlung« zu trennen und »Handlung« auf ein ganzes Leben auszudehnen (angefangen beim Kapp-Putsch, 1931 bei der Saalschlacht in Berlin-Friedrichshain) und bezeichnet die Deutung der SA-Stennes-Affaire von 1931 als Rechts- und

48 Noch bis zur Jahrhundertwende und länger ist in vielen Zitaten in Ost und West die Hetzkampagne der SED-Zeitung *Neues Deutschland* aufgegriffen worden, wurde von 173 ermordeten KZ-Insassen gesprochen und den unzähligen Opfern der »Zwangsevakuierung« im Frühjahr 1945.

49 BStU MfS Ast StKs 13/48 Bd. 4, Bl. 54. Der Anwalt macht geltend, dass das Gericht zu Unrecht die beantragten Leumundszeugen nicht geladen hat (mit der Begründung, dass sie ebenfalls politisch belastet wären). Das Revisionsgericht verweist auf ein Gesetz vom 1. September 1938, wonach das Gericht in solchen Fragen freie Hand habe.

50 BStU MfS Ast StKs 13/48 Bd. 4, Bl. 426–441, RA Brüll: Revisionsantrag zu Meinshausen; ebd. Bl. 231–238, RA Harnisch: Revisionsantrag zu Malitz.

**Abb. 10** Carl-Albert Brüll im Gerichtssaal beim Prozess von 1948

Geschichtsirrtum. Die Verwendung der Zahl »2 300 beurlaubte[r] Lehrkräfte 1933/34«, entnommen der Biographie aus dem Jahre 1934 von Helmuth Fechner, sei nicht seriös.[51] Dasselbe gälte für die Evakuierung, die definitiv geschah, um Unheil zu verhüten, nicht andersherum.[52]

Wie Carl-Albert Brüll dachte, »ist ein ‚Verbrechen gegen die Menschlichkeit' in keinem der dem Angeklagten zur Last gelegten Fälle erweisbar und erwiesen.«[53] Die *Lausitzer Rundschau* zitiert den Anwalt, »daß Meinshausen ‚fanatisch', ‚energiegeladen' und ‚unschön' gehandelt und ein hartes Regiment geführt hätte«, ansonsten für eine Freiheitsstrafe plädiere.[54] Der Verteidiger äußerte sich grundsätzlich. Die Sorge wegen der »hohen geistigen Begabung« des Angeklagten und der damit begründeten Gefährlichkeit veranlasste ihn zu der

> »Erwägung, dass gerade der Hauptvorwurf gegen die NS-Gewaltherrschaft von aller Welt darin erblickt wird, dass dieses System in erster Linie danach trachtete, die Intelligenz in ihrer politischen Gegnerschaft zu vernichten [...] Es wird von aller Welt die Vernichtung eines Menschen, nur weil er einer

51 *Helmuth Fechner*, Dr. Meinshausen. Stadtschulrat von Berlin, Berlin 1934, 80 Seiten.

52 »Der Angeklagte hatte nicht den Vorsatz, wie das Gericht hätte ausführen müssen, Unmenschlichkeiten oder Bestialitäten an der Görlitzer Bevölkerung zu begehen, sondern im Gegenteil sie vor dem furchtbaren Schicksal zu bewahren, dem vor seinen Augen Tausende zum Opfer gefallen sind [...] Die Feststellung, dass Luftangriffe auf Görlitz ja nicht vorgenommen worden sind, und dass deswegen der Angeklagte nicht hätte so denken dürfen, ist unverständlich.« BStU MfS Ast StKs 13/48 Bd. 4, Bl. 432.

53 »Da der Angeklagte keine Kriegsverbrechen begangen hat, kommen für ihn grundsätzlich nur Sühnemaßnahmen [...] in Frage. Diese Sühnemaßnahmen bilden den Strafrahmen, aus welchem das Gericht eine Strafe hätte bilden müssen.« Ebd. Bl. 439.

54 *Lausitzer Rundschau* am 22. April 1948 im Rückblick auf das Plädoyer von Brüll am Vortag.

**Abb. 11** Walter Ulbricht bei seiner Zeugenaussage in der Stadthalle Görlitz

> anderen politischen Richtung angehörte und wegen seiner Intelligenz gefährlich werden könnte, abgelehnt. Es ist daher unvereinbar mit dem geltenden Recht bzw. den Kontrollratsdirektiven, diesen Grundsatz […] in irgendeiner Weise auch nur als strafverschärfend etwa aufzustellen.«[55]

Es bedurfte sogar der Hinzuziehung Walter Ulbrichts als Zeugen im Gerichtssaal. Dieser sprach ausführlich über die Vorgänge im Saalbau Friedrichshain von 1932, als Rotfrontkämpfer und SA »verlustreich« aufeinanderprallten. Den Gewaltausbruch lastete er Meinshausen an, obwohl ohne Zweifel alle Seiten an der Eskalation interessiert waren, und beschrieb den Angeklagten als schuldbeladenen und in allgemeiner Hinsicht mitverantwortlichen National-

55 BStU MfSAst StKs 13/48 Bd 4, Bl. 440.

**Abb. 12** Beifall im Gerichtssaal für Walter Ulbricht, täglich 2 300 Zuschauer, aus Verwaltung und Betrieben herbeigeschafft, Schüler, Prominente; Eintrittskarten, Garderobenpflicht

sozialisten. Rolf Helm, der in diesem Prozess persönlich mitwirkende Generalstaatsanwalt, feierte eineinhalb Jahrzehnte später anlässlich des siebzigsten Geburtstages von Ulbricht am 30. Juni 1963 diese Situation, die »Begegnung mit Walter Ulbricht«, als ein Ereignis »von höchstem kulturellen Wert«.[56]

56 *Rolf Helm*, Dem Genossen Walter Ulbricht zum 70. Geburtstag, in: *Einheit. Zeitschrift für Theorie und Praxis des wissenschaftlichen Sozialismus*, 1963, in: SächsHStArchivDresden, Landesbehörde der Deutschen Volkspolizei Sachsen Nr. 920; *Christian Booß*, Im goldenen Käfig. Zwischen SED, Staatssicherheit, Justizministerium und Mandant. Die DDR-Anwälte im politischen Prozess, Göttingen 2017. – Helm hatte sein Plädoyer stilvoll mit einem Klassikerzitat beendet: »Die Unterdrücker der Menschheit strafen, ist Gnade; ihnen verzeihen, ist Barbarei.« Robbespierre in *Georg Büchner*, Dantons Tod, 1. Akt, 3. Szene. SächsHStArchivDresden LRS MdJ Nr. 828, Bl. 95f. sowie *Rolf Helm*, Anwalt des Volkes. Erinnerungen, Berlin 1978, 173.

*Das Urteil.* Im Falle des Verurteilten Meinshausen heißt es im Urteil zusammenfassend:

> »Bei der Auswerfung der strengsten Strafe auch dem Angeklagten Meinshausen gegenüber hat die Strafkammer das Gesamtbild der Persönlichkeit des Angeklagten der genauesten Prüfung unterzogen. Die Beweisaufnahme hat zwar nicht ergeben, daß durch unmittelbare Mitwirkung des Angeklagten Meinshausen ein namentliches Todesopfer in Erscheinung getreten ist, aber bei Anwendung des Strafsystems des KG Nr. 10 ist davon auszugehen, daß dieses geschaffen wurde, um die Schandtaten des Nationalsozialismus und seine verheerenden Folgen zu bestrafen und für die Zukunft auszuschalten. Wer an der Verbreitung und Vertiefung des Nationalsozialismus an hervorragender Stelle mitgearbeitet hat, trägt ein gerütteltes Maß von Mitschuld an dem oben geschilderten [...] Bei seiner hohen geistigen Begabung und bei seiner demagogischen Natur würde, falls der Angeklagte Meinshausen nur mit Freiheitsstrafen belegt und er durch Zufall wieder die Zuchthausmauern hinter sich lassen würde, er für den Aufbau und Ausbau der Demokratie in Deutschland eine Gefahr bedeuten. Auch aus diesem Präventivzweck der Strafe heraus konnte die Strafkammer in Anbetracht der oben geschilderten gefährlichen Persönlichkeit des Angeklagten Meinshausen nur auf Todesstrafe zukommen.«[57]

Das Gericht spricht von einem »präventiven Urteil«, denn die schwersten Tatvorwürfe, die Tötungsverbrechen und die von einer

---

57 SächsHStArchivDresden LRS MdJ Nr. 643, Bl. 34f. Das Urteil »Im Namen des Volkes in der Strafsache gegen ...« umfasst 36 Schreibmaschinenseiten. *Christiaan Frederik Rüter*, DDR-Justiz und NS-Verbrechen. Sammlung ostdeutscher Strafurteile wegen nationalsozialistischer Tötungsverbrechen, München 2009, Bd. XI, 198–211.

»Bestie und Tyrannen« ausgehenden Leiden hatten sich nicht bestätigt. Man brauchte und wollte aber dieses Urteil in dieser Form. Zwar ist allen Akteuren in diesen zwei Wochen von Anfang an bewusst gewesen, dass hinsichtlich der meisten Schuldvorwürfe (Pressesprache: Gräuel über Gräuel, Tötungen, Bedrängen und Bedrohen, Willkür und Zwang, Folgen des Treibens von Bestien und Tyrannen) nichts übrigbleiben würde und dass diese sich auf eine allgemeine Mitverantwortung beziehen müssten, »auf ein ganzes Leben für den Faschismus«. Mit diesem Wissen sind alle Verantwortlichen in diesen Prozess gegangen und mit einem klaren Ergebnis herausgekommen: »Das Volk klagt an, das Volk wird richten«. Das gilt im Wesentlichen auch für den Mitangeklagten Malitz, wenngleich dieser als Kreisleiter weitaus stärker mit den Dramen der Kriegsendsituation verwoben war.

Über das Risiko, das die Anwälte eingingen, kann man nur spekulieren. Der Schlusssatz Brülls – »Das Urteil ist also in seinen Feststellungen fehlerhaft, lückenhaft und widerspruchsvoll und kann in seiner rechtlichen Würdigung keinen Bestand haben. Ich beantrage daher, das angefochtene Urteil nebst den ihm zugrundeliegenden Feststellungen aufzuheben und die Sache zur erneuten Verhandlung und anderweiten Entscheidung an ein anderes Gericht zu verweisen« – ist respektabel, ist mutig. Gerade mit dieser Arbeitsweise aber trugen die Anwälte ganz im Sinne der tatsächlichen Absichten zum Bild einer ernsthaften und seriösen Rechtsprechung bei und spielten bei ihrem Kampf für die Strafprozessordnung von 1928 ganz unabsichtlich das Spiel des Tages mit.

Alles, was die Anwälte vorzutragen hatten, wurde hinterher bei der Behandlung der Revisionsanträge, die ja unter Ausschluss der Öffentlichkeit stattfand und »keine Spielchen« mehr brauchte, mit »totalitärer Leichtigkeit« abgewiesen als »unbegründet, unerheblich, unnötig«. Die Revisionsanträge wurden abgewiesen, ebenso

**Abb. 13** Die Gegner von Carl-Albert Brüll: Walter Mellmann von der Politischen Polizei (links) und Dr. Rolf Helm, Generalstaatsanwalt (rechts)

die Gnadengesuche vom Sächsischen Kabinett unter Max Seydewitz: im Fall Meinshausen mit 5 zu 4 Stimmen, im Falle Malitz mit 7 zu 1. Gnadengesuche der Familie, ein engagierter »Persilschein« von Boxidol Max Schmeling für Bruno Malitz, die Einschaltung des Kirchenpräsidenten Martin Niemöller und andere Interventionen führten zu nichts. Max Seydewitz sprach zur ältesten Tochter von Meinshausen, Ortrud Grön: »In ein paar Jahren wäre Ihr Vater gar nicht erst angeklagt worden. Aber heute brauchen wir dieses Urteil.« Und Brüll meinte, von diesem Prozess würde noch die Rede sein, »wenn wir alle schon lange unter der Erde sind«. Das war richtig; aber für ein halbes Jahrhundert galt das noch nicht.

**Abb. 14** Die Stadthalle in Görlitz, Ort des Prozesses von 1948, Aufnahme von 2014

Die Todesurteile wurden am 19. Oktober 1948 in der zentralen Hinrichtungsstätte Münchner Platz in Dresden vollstreckt, mit dem Fallbeil.[58]

*What's the story behind this?* So hatte schon jemand von der US-Army zwischendurch einmal gefragt, während des Auslieferungsvorgangs. Jetzt wissen wir es: Es ging um ein »Pilotprojekt« der Politischen Polizei »K 5«, die umfassende Befugnisse für Ermittlungsarbeit und Prozessbegleitung innehatte, in Abstimmung mit

58 *Norbert Haase*, »Wo Steine ihren Beruf wechselten.« Zur Geschichte der Gedenkstätte Münchner Platz, Dresden, in: *Norbert Haase/Birgit* Sack (Hg.), Münchner Platz, Dresden. Die Strafjustiz der Diktaturen und der historische Ort, Leipzig 2001, 283–302; *Birgit Sack/Gerald Hacke*, Verurteilt. Inhaftiert. Hingerichtet. Politische Justiz in Dresden 1933–1945 / 1945–1957, Dresden 2016.

Erich Mielke und unter Mitwirkung von Walter Ulbricht als Zeugen im Prozess.[59] Es ging um Machtdurchsetzung gegenüber der Justiz und natürlich der Bevölkerung. Dabei war Sachsen ein Vorreiter und Musterland für Diktaturdurchsetzung und Erprobung stalinistischer Methoden und Strukturen. Dieser Missbrauch der Strafjustiz an der Schnittstelle der beiden deutschen Diktaturen begann also im Frühjahr 1948, nicht erst mit den Waldheimer Prozessen von 1950. Diese Nutzanwendung war auch »Schild und Schwert« gegenüber Andersdenkenden, diente zur Absicherung der Machtverhältnisse und förderte Stalinisierung in der Ostzone und schließlich DDR, ein Schritt auf dem Weg zum Ministerium für Staatssicherheit.[60]

Reichlich absurd erscheint, dass der sächsische Justizminister Johannes Dieckmann (1893–1969) diesem Rechtsanwalt im Jahre 1949 bescheinigt:

> »In der Erkenntnis, dass nur der Einsatz der ganzen Persönlichkeit außerordentliche Zeiten zu meistern vermag, haben Sie unter Hintansetzung der eigenen Belange dem Staate zwei Jahre als Richter im Ehrendienst wertvollste Dienste geleistet [...] Es ist mir daher eine angenehme Pflicht, Ihnen im Namen des Ministeriums der Justiz und zugleich der Landesregierung für die in diesen Jahren geleistete Mitarbeit in der sächsischen Justiz

59 *Monika Tantzscher*, Die Vorläufer des Staatssicherheitsdienstes in der Polizei der Sowjetischen Besatzungszone. Ursprung und Entwicklung der K 5, in: *Jahrbuch für Historische Kommunismusforschung* 1998, 125–156. Siehe auch *R. Hensel*, Stufen, wie Anm. 39.

60 *Christian Meyer-Seitz*, Die Verfolgung von NS-Straftaten in der sowjetischen Besatzungszone, Berlin 1998, 269; *Hermann Wentker*, Justiz in der SBZ/DDR 1945–1953. Transformation und Rolle ihrer zentralen Institutionen, München 2001; *ders.*, Justiz und Politik in der DDR, in: *Rainer Eppelmann/Bernd Faulenbach/Ulrich Mählert*, Bilanzen und Perspektiven der DDR-Forschung, Paderborn 2003, 126–132.

**Abb. 15 a** Richtstätte Münchner Platz in Dresden, heute Gedenkstätte

und damit am Neuaufbau unseres demokratischen Staates Dank zu sagen und der Hoffnung Ausdruck zu geben, dass die Zusammenarbeit […] auch in den kommenden Jahren die gleichen schönen Früchte tragen möge wie in den Jahren bisher.«[61]

Dieckmann hatte sich im Jahr zuvor für die Aufhebung der Todesurteile im Görlitzer Prozess eingesetzt, wie erwähnt: Abstimmungsergebnis 5 zu 4, und war mit dieser Tendenz bei Ministerpräsident Max Seydewitz nicht durchgedrungen. Klingt hier wirklich noch ein Ton von Respekt und Anerkennung gegenüber Brüll nach? Wir wis-

61 Privatbesitz F. Bilzer.

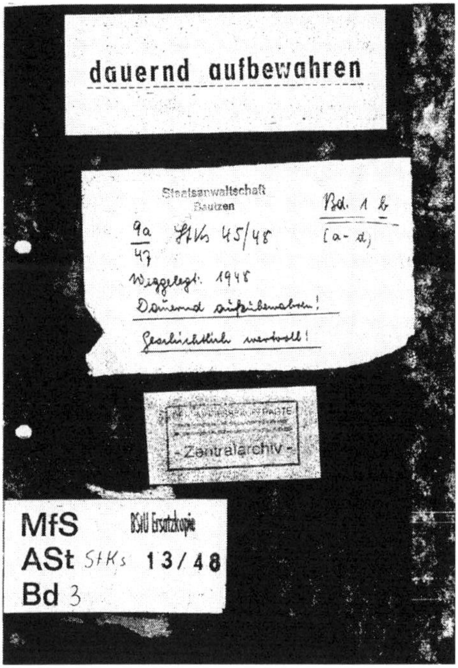


**Abb. 15 b** Aus der Aktensammlung des MfS

sen es nicht. Einen Rückblick mit zynischem Hintergrundrauschen mag man sich nicht vorstellen.

Johannes Dieckmann (LDPD) setzte seine Arbeit in der DDR – wie bekannt – fort. Er war von 1948 bis 1950 Justizminister und Stellvertretender Ministerpräsident des Landes Sachsen, bis 1969 Mitglied und Präsident der Volkskammer, 1960 bis 1969 Stellvertretender Vorsitzender des Staatsrats der DDR. Aus seinem breit gefächerten gesellschaftlichen Handeln vor gewerkschaftlichem und kulturellem Horizont mag an dieser Stelle die Korrespondenz mit Otto Dibelius im Sommer 1956 über Fragen der Wehrpflicht und Soldatenseelsorge und Impulse zur Lösung der »Deutschen Frage« erwähnt werden.

## Für Freiheit: Einheit von Zeit, Raum und Handlung am 17. Juni 1953

Wie weit der Anwalt selbst und seine berufliche Arbeit in seiner Praxis in der Berliner Straße 27 nach dem Prozess in der Stadthalle Schaden nahm, lässt sich nicht eindeutig sagen. Einerseits blieb er bekannt in der Stadt, bei Gericht und in den Strafanstalten, auch dafür, sich für die Nöte von Menschen zu engagieren. Eine Zeitzeugin, Anwaltsgehilfin in der Gemeinschaftspraxis Brülls, berichtete noch lange Zeit von seiner Bereitschaft, sich immer wieder für Probleme von Menschen in seiner Umgebung einzusetzen. Andererseits begleiteten ihn erhebliche gesundheitliche Probleme zwischen 1949 und 1952 mit großen Erholungspausen und einem Krankenhausaufenthalt. Der behandelnde Arzt spricht am 20. Januar 1949 von »totaler Überarbeitung und Erschöpfung«[62].

*17. Juni 1953.* Brüll taucht wieder auf im Zusammenhang mit den Vorgängen am 17. Juni 1953. Gerade die Stadt Görlitz wurde bekannt als ein Ort, der noch ausdrücklicher als andernorts wenigstens für einen Tag dem Zugriff eines Machtapparates entfloh, angesichts der unerträglichen Versorgungslage, aber auch in der plötzlichen kollektiven Klarsicht, dass Fremdbestimmung und Unterdrückung so unausweichlich und unaufhörlich sind. Beschäftigte beim Lokomotivbau und Waggonbau LOWA hatten sich mit den Aufständischen in Berlin solidarisiert und für höhere Löhne, Preissenkungen und Abschaffung der Normen eingesetzt. Gegen Mittag kam es auf dem Obermarkt (damals Leninplatz) zu einer großen Demonstration mit Übertragung der Kundgebung durch den noch immer exis-

62 SächsHStsArchivDresden LRS MdJ RA B 1145, unpaginiert.

**Abb. 16** Görlitz am 17. Juni 1953

tierenden Stadtfunk. Der Oberbürgermeister Willi Ehrlich wurde spontan »abgewählt«, eine vorläufige neue Stadtverwaltung gebildet, Ordnerbinden verteilt für einen Ordnungsdienst, der örtliche MfS-Sitz übernommen, die SED-Kreisleitung und das Rathaus besetzt und die beiden lokalen Haftanstalten geöffnet. Nachmittags waren dreißig- bis vierzigtausend Menschen aus Görlitz und Umgebung versammelt. Gegen Abend dann haben die Kasernierte Volkspolizei (KVP) und die Sowjetische Armee mit Panzern die Szene aufgelöst: ein quasi klassisches Drama mit Einheit von Zeit, Raum und Handlung.[63]

63 *Heidi Roth*, Der 17. Juni 1953 in Görlitz, Bautzen 1998; *dies.*, Im Parteiauftrag. Strafrechtliche Reaktion auf den 17. Juni 1953 in Sachsen, in: Von Weimar bis zur Gegenwart, Sächsische Justizgeschichte, Schriftenreihe des Sächsischen Staatsministeriums für Justiz, Bd. 7, Dresden 1998, 76–135.

Brüll war nachmittags von einem dienstlichen Termin auswärts auf den Obermarkt zurückgekehrt und kam dazu, nachdem die Görlitzer Haftanstalten geöffnet waren. 416 Personen (von insgesamt über 1 300 im ganzen Land) waren vorrübergehend befreit worden, mehr als andernorts in diesen Stunden in der ehemaligen DDR. Brüll soll eine Volkspolizei-Obermeisterin veranlasst haben, die Fallakten herbeizuschaffen und hat sich dann – nach eigenen Aussagen – um die Trennung der Dokumente von kriminellen und politischen Personen gekümmert und für die Sicherung der Papiere vor Verlust gesorgt.[64] Er machte sich noch anderweitig nützlich, übernahm zeitweise einen Schlüsselbund für die Lokalität und kümmerte sich gegenüber Hotelbesitzern um die vorübergehende Unterbringung der obdachlosen Häftlinge.[65] Der Anwalt fühlte sich offensichtlich nicht gefährdet und blieb in seiner Stadt. Für eine kurze Zeit soll er da und dort als Oberbürgermeister ausgerufen worden sein, wie einige Zeitzeugen berichten, was aber unklar geblieben ist.

*Die Verurteilung.* Die Vorgänge blieben nicht ohne Folgen. Carl-Albert Brüll wurde am 24. Juni 1953 verhaftet, in mindestens vier Vernehmungen auf die Ereignisse vom 17. Juni befragt und am 12. August 1953 vom Bezirksgericht Dresden auf Grund § 115 Abs. 2 StGB wegen »Aufruhr und Gefangenenbefreiung in führender Rolle (als Rädelsführer)« zu fünf Jahren Zuchthaus in der Haft-

64 Brief vom 27. Dezember 1956 an Ortrud Grön. Zur exzeptionellen Situation von Brüll und einem zweiten beteiligten Görlitzer Anwalt siehe auch *Karl Wilhelm Fricke*, DDR-Juristen im Konflikt zwischen Gehorsam, Verweigerung und Widerstand, in: *Roger Engelmann/Clemens Vollnhals*, Justiz im Dienste der Parteiherrschaft. Rechtspraxis und Staatssicherheit in der DDR, Berlin 1999, 205–226, hier 224f.

65 Auf die Umstände im Einzelnen und die Vernehmungsinhalte wegen fraglicher Gefangenenbefreiung und dem Umgang mit den Strafakten wird hier nicht weiter eingegangen. Siehe: BStU MfS BV Dresden Ast 5969/85, Bl. 10, Vernehmungsprotokolle; auch SächsHStArchivDresden RA B 1145, unpaginiert.

**Abb. 17** Obermarkt in der Stadt Görlitz am 17. Juni 1953

anstalt Waldheim (Sachsen) verurteilt.[66] In der Urteilsbegründung hieß es:

> »Es bedarf keiner besonderen Darlegung, daß die Aufruhrhandlung im Zusammenhang mit der »Erstürmung« der Haftanstalt bei der am 17.6.1953 von den faschistischen Provokateuren heraufbeschworenen Lage in Görlitz eine besonders große Gefährdung für die staatliche Ordnung weit über das Stadtbild von Görlitz hinaus bedeutete. Der Angeklagte, der auf Grund seiner Berufsstellung in besonderem Maße zur Wahrung dieser Ordnung berufen war, hat sich in völlig unverantwort-

66 Laut Haftbefehl: »Er wird beschuldigt, an einer öffentlichen Zusammenrottung teilgenommen zu haben. Er hat sich am 17. Juni 1953 Eintritt in die Haftanstalt verschafft und hat hier bei dem Aufruhr unbeauftragterweise die Strafakten der Anstalt nach wirtschafts- und kriminellen Verbrechen durchsucht.« BStU MfS BV Dresden Ast 5969/85, Bl. 4. Auch Archiv der Staatsanwaltschaft Dresden Ks 500/53, I /513/53.

licher Weise auf die Seite der Feinde dieser Ordnung geschlagen und damit die ‚Neutralität' verlassen, in der es bis dahin sein politisches Heil gesehen hatte. Seine offene Parteinahme galt der Partei derer, die es sich zum Ziel gesetzt haben, den Brand eines neuen Weltkrieges zu schüren und die dieses Ziel mit den am 17. Juni 1953 in Szene gesetzten Provokationen zu verwirklichen suchten. Bei der Intelligenz und der Lebenserfahrung des Angeklagten konnte ihm das alles nicht verborgen bleiben und ihm kann nicht gefolgt werden, wenn er sein Verhalten damit zu entschuldigen versucht, er habe letzten Endes nur Schlimmeres verhüten wollen. Das wahre Motiv seines Handelns ist vielmehr darin zu erblicken, daß der Angeklagte in jener entscheidenden Stunde das Ansehen, das er in gewissen Bevölkerungskreisen genoss, in die Waagschale werfen wollte, um darzutun, bei jenem von ihm als geschehen vermeinten ‚Umschwung' sei er als einer der ersten auf dem Plane erschienen.«[67]

Die Berufszulassung wurde entzogen und die Kanzleiräume aufgelöst.[68] Erst sehr viel später waren die Verluste (Sammlungen, Einrichtungsgegenstände, diverse Besitztümer) verschmerzt, die bei den Räumarbeiten der Stasi entstanden waren. Brüll wurde selbst Opfer einer Schein-Justiz insofern, als auch 1953 die teils wahllos

67 Urteil des Bezirksgerichts Dresden gegen Carl-Albert Brüll vom 12. August 1953, Aktenzeichen: 1 a Ka 387/53- I 418/53 in BStU MfS BV Dresden Ast 5969/85, Bl. 74f., hier Bl. 77. Die Berufung gegen das Urteil wurde am 27. August 1953 vom Obersten Gericht der DDR abgelehnt. BStU Dresden MfS Ast 1/82 Bd. 19, Bl. 38.

68 SächsHStArchivDresden RA B 1145, Bl. 100; H. *Roth*, 17. Juni, wie Anm. 63; 75; *Karl Wilhelm Fricke*, Die frühe erneute politische Instrumentalisierung der Strafjustiz in Sachsen. 1945 bis 1955, in: Sächsische Justiz in der sowjetischen Besatzungszone und der frühen DDR. 1945–1957, Sächsische Justizgeschichte, Schriftenreihe des Sächsischen Staatsministeriums für Justiz, Bd. 8, Dresden 1998, 5–25.

Verhafteten einem Verfahren unterzogen wurden, dessen Form und Ergebnis von Berliner Seite vorformuliert waren. Dazu gehörte auch die Verpflichtung vieler Freigelassener, den Behörden hinsichtlich der Behandlung in der Haft ein gutes Zeugnis auszustellen. Die Aufarbeitung von Rechtsbeugung in diesen Wochen blieb auch nach der Wiedervereinigung von 1989/90 ein kaum lösbares Problem.[69]

Die Schließung seiner Praxis sorgte für eine weitere Beschädigung der Belange Brülls, denn die Benutzung von Räumen und Ausstattung durch ein Anwaltskollegium sowie die Verwendung der übrig gebliebenen Erträge ohne fairen Ausgleich sorgte für eine Minimierung der Überschüsse. Dagegen wehrte sich in Brülls Auftrag der Rechtsanwalt Dr. Schwidtal, bei dem er einst praktiziert hatte, gegenüber diesen Kollegen: »Auch wenn man in Waldheim sitzt, ist man nicht rechtlos und vogelfrei.«

*Belgien meldet sich.* Mit Datum vom 22. Juni 1956 wandte sich die belgische »Amicale du STALAG VIII A« an »Monsieur le Secrétaire de M. la Reine Elisabeth de Belgique, Palais Royal de Bruxelles«, an das belgische Königshaus, namentlich an Königin Elisabeth von Belgien. Diese Regentin, eine Nichte der Kaiserin »Sissi« von Österreich-Ungarn und Tochter des bayerischen Herzogs Carl Theodor, war im Lande bekannt und respektiert für ihr offensives Engagement in Fragen der sozialen Gerechtigkeit und des Friedens: die »Rote Königin«.[70] Daneben war sie eine Verehrerin und Förderin der Musik: Man denke an den *Concours Reine Elisabeth*. Der Ehemaligenverein erklärte:

---

69 Auch 1996 am Bezirksgericht Dresden zum Falle einer Richterin vom 1953 wegen ihrer Prozesse gegen »Provokateure und Rädelsführer«. Vgl. *Heidi Roth*, Im Parteiauftrag. Strafrechtliche Reaktion auf den 17. Juni 1953 in Sachsen, in: Von Weimar bis zur Gegenwart, Sächsische Justizgeschichte, Schriftenreihe des Sächsischen Staatsministeriums für Justiz, Bd. 7, Dresden 1998, 76–135.

70 Elisabeth Gabriele Valérie Marie Herzogin in Bayern, geboren am 25. Juli 1876, gestorben am 23. November 1965 in Schloß Stuyvenberg bei Brüssel.

»Les anciens prisonniers de guerre du Stalag VIII A (Silésie), réunis en une amicale, prennent la respectueuse liberté de solliciter de votre haute bienveillance la prise en considération de la requête qu'ils se permettent de vous présenter.
Soucieux, dans la mesure de leurs possibilités, d'alléger la souffrance humaine, les prisonniers de guerre du Stalag VIII A, en reconnaissance des services leur rendus par Mr. Brull Carl durant leur captivité, s'efforcent de lui prouver leur gratitude en cherchant à améliorer son sort.
Afin de vous èclairer sur le cas dont les prisonniers de guerre du Stalag VIII A souhaitent vous entretenir, ils prennent la respectueuse liberté de joindre à la présente un dossier explicatif.
Ils osent croire que ces quelques pages vous convaincront de l'intérêt qu'ils portent à Mr. Brull, et qu'après la lecture de ce dossier, vous leur ferez l'immense plaisir d'en entretenir Sa Majesté la Reine Elisabeth de Belgique.
Connaissant le souci de Sa Majesté d'adoucir en toutes circonstances la peine des hommes, ils forment l'ardent souhait de La voir se pencher avec toute Sa bonté sur le sort de leur protégé et d'user de son Auguste influence auprès des autorités qui le retiennent.
Les anciens prisonniers de guerre vous remercient, Monsieur le Secrétaire, de la bienveillante attention que vous ne manquerez pas d'apporter à leur requête, et vous prient de croire à leurs sentiments les plus respectueux."[71]

»Die ehemaligen Kriegsgefangenen des Stalag VIII A (Schlesien), verbunden in einem Freundeskreis, erlauben sich, an Ihr Wohlwollen zu appellieren, die Berücksichtigung der beigefügten Bittschrift in Erwägung zu ziehen. – Die Kriegsgefangenen vom Stalag VIII A,

71 Privatbesitz F. Bilzer.

im Rahmen ihrer Möglichkeiten bestrebt, menschliches Leid zu lindern, sind in Anerkennung der ihnen von Herrn Carl Brüll während ihrer Gefangenschaft erwiesenen Dienste bemüht, ihm unbedingt ihre Dankbarkeit zu erweisen, indem sie versuchen, sein Schicksal zu verbessern. – Um sie in dieser Angelegenheit, mit der die Kriegsgefangenen des Stalag VIII A sich an Sie wenden, ins Bild zu setzen, nehmen diese sich respektvoll die Freiheit, dem vorliegenden Schreiben ein erläuterndes Dossier beizufügen. – Wir nehmen an, dass diese wenige Seiten umfassenden Ausführungen Sie von der Anteilnahme überzeugen werden, die die Unterzeichner Herrn Brüll entgegenbringen, und dass sie ihnen die große Gunst erweisen werden, Ihre Kgl. Majestät Elisabeth von Belgien damit vertraut zu machen. – Da wir die Absichten Ihrer Majestät kennen, das Leid von Menschen in jedweder Situation zu lindern, äußern wir den brennenden Wunsch, sie möchte sich in ihrer großen Güte des Schicksals ihres Schützlings annehmen und ihren erhabenen Einfluss bei den Behörden geltend machen, die ihn gefangen halten. – Die ehemaligen Kriegsgefangenen danken Ihnen, Herr Sekretär, für die wohlwollende Aufmerksamkeit, an der sie es ihrer Bitte gegenüber nicht fehlen lassen werden und versichern Sie ihrer Hochachtung.«

Es geht dieser Veteranen-Vereinigung also darum, dass sich das Königshaus mit seinem ganzen Gewicht für diesen ehemaligen Wehrmachtssoldaten im Stalag VIII A einsetzt. Es wird eine ziemlich ausführliche Denkschrift zu Rolle und Verdiensten Brülls gegenüber belgischen Kriegsgefangenen für die Hand der Königin mitgereicht, die – leider nicht ganz vollständig – vorliegt. Darin werden die bekannten Bemühungen bis hin zu den humanen »Mogeleien« für die belgischen Soldaten und die damit verbundenen Risiken für ihn selbst mitgeteilt, etwa die Etikettierung als »Sanitäter« für eine weit mehr als zutreffende Zahl von Gefangenen. »Alle Kriegsgefangenen des Stalag VIII A haben Herrn Carl-Albert Brüll gegenüber eine Dankesschuld und sind schwer betroffen über das jetzige Schicksal ihres damaligen Wohltäters [...] Seine große Güte und sein Gerechtigkeitssinn hatten ihn in diese folgenschwere Lage gebracht.«[72]

Bereits am 26. Juni signalisierte der Sekretär, dass die Angelegenheit von Seiten des Königshauses unterstützt und an den Ministre des Affaires Etrangères weitergeleitet würde, wofür man sich am 10. Juli ausdrücklich bedankte. Ob diese Korrespondenz tatsächlich formell außenpolitisch fortgeführt wurde und die gewünschte Wirkung zeigte, ist nicht überliefert. Brüll jedenfalls stellte am 6. August 1956 einen »Antrag auf bedingte Strafaussetzung mit einer Bewährungsfrist von drei Jahren«, wurde am 31. August aus der Haft entlassen und siedelte als »Republikflüchtling« am 4. Dezember 1956 nach West-Berlin über.[73] Ende November hatte er eine Frau geheiratet, deren Vater jahrelang in Zuchthäusern der DDR inhaftiert war, die Apothekerin Else Bilzer. Ihr Sohn Dr. Friedrich Bilzer unterstützt diesen Bericht mit Wissen und Materialien.

In Berlin (West) durchlief das Paar ein Notaufnahmeverfahren im Lager Marienfelde und überbrückte die Zeit im Tempelhofer DRK-Flüchtlingslager Papestraße, wo Brüll seinen Fähigkeiten und seiner Profession entsprechend weiterhin vermittelnd wirkte, zum Beispiel bei den Konflikten mit Anwohnern und den angrenzenden Kleingärtnern, die sich über abgeräumte Obstbäume und aufgebrochene Lauben beschwerten und die Lagerinsassen im Verdacht hatten, ob zu Recht oder zu Unrecht. Der Verfasser wurde selbst Zeuge dieser Situationen.

---

72 Privatbesitz F. Bilzer. – Die Amicale hatte von der Lage Brüll über ein Familienmitglied bei der Montanunion in Luxemburg erfahren. Über sämtliche Vorgänge vom 17. Juni 1953 und die Folgen für Carl-Albert Brüll, wie sie hier vermittelt werden, kann auch Dr. Friedrich Bilzer persönlich berichten.

73 Briefe an Ortrud Grön vom 30. November und 27. Dezember 1956.

**Abb. 18** Carl-Albert Brüll, Aufnahmedatum unbekannt

## Für Hoffnung und Zuversicht, für Menschen in Bedrängnis

Bereits Anfang Dezember 1956 bewarb sich Brüll um eine Anstellung im Justizwesen von Berlin-West. Am 13. Dezember bescheinigte der Generalstaatsanwalt dem Kammergericht in Berlin-Charlottenburg »die Unzulässigkeit der Vollstreckung« des Urteils »des sogenannten Bezirksgerichts in Dresden« (auf fünf Jahre Zuchthaus, Aktenzeichen 1a Ks 387/53–418.53) vom 12. August 1953.[74] Eine gleichsinnige Beurteilung kommt am 15. Dezember vom Untersuchungsausschuss Freiheitlicher Juristen in Berlin-Zehlendorf und vom Hilfskomitee für politische Häftlinge der Sowjetzone.

Am 5. Januar 1957 schaltete sich wiederum das Land Belgien in die Situation ein, und die Mission Belge a Berlin wandte sich an den Senator des Inneren, Joachim Lipschitz, mit der Bitte, »für diesen Mann etwas zu tun«. Der Leiter der belgischen Mission fügt hinzu: »Wie ich Ihnen bereits sagte, nimmt das Sekretariat I.M. der Königin Elisabeth ein besonderes Interesse am Fall Carl-Albert Brüll und hat die Belgische Mission um ihre Unterstützung ersucht. Ich möchte hinzufügen, dass ich selbst anhand von Zeugenaussagen habe feststellen können, dass Herr Brüll auch einer Anzahl von jüdischen Häftlingen während ihrer Gefangenschaft geholfen und ihnen z. B. heimlich Gebetbücher ihres Glaubens beschafft hat.«[75] Schon am 12. Januar stellt diese Senatsverwaltung den Bewerber als Verwaltungsrichter ein. Fortan übernimmt Carl-Albert Brüll die

74 Privatbesitz F. Bilzer. Grundlage für das Kammergericht ist »§ 15 des Gesetzes über die innerdeutsche Rechts- und Amtshilfe in Strafsachen vom 2. Mai 1953, GVBl. f. Berlin, Seite 293«.

75 Brief vom 5. Januar 1957, Privatbesitz F. Bilzer.

**Abb. 19** Auf dem Friedhof in der Berliner Seestraße,
Gedenkstätte für die Opfer des 17. Juni 1953

Aufgabe, Angelegenheiten von »Republikflüchtlingen« und Menschen mit DDR-Hintergrund amtsrichterlich zu beurteilen und in die richtigen Bahnen zu lenken.

Am 22. September 1958 war auf der Seite der ehemaligen DDR auch über Brüll eine so genannte »Stasi-Akte« angelegt worden,[76] weil er im Verdacht stand, Spionagetätigkeiten über Familienverbindungen in Görlitz zu pflegen, was aber am 23. März 1960 endgültig nicht mehr bestätigt werden konnte.[77] Noch lange wurde

76 BStU Dresden AOP 82/60, Bl. 5.

77 Ebd., Bl. 102.

in einem Aktensortiment über Bezugspersonen, die sämtlich als »negativ und feindlich« galten, gesammelt und berichtet.[78] In den siebziger Jahren lief dieses uninteressant gewordene Thema dann aus.

Noch zwischen 1956 und 1960 hielt Brüll brieflichen Kontakt zu Ortrud Grön, der ältesten Tochter von Meinshausen. Dabei brachte er wiederholt sein Bedauern zum Ausdruck, dass er den Kindern den Vater nicht erhalten konnte, bekundete seinen Respekt für den ehemaligen Mandanten und setzte sich auch gutachterlich für versorgungsrechtliche Fragen der Kinder Meinshausens ein.

In der Folgezeit übernahm Brüll mannigfaltige Aufgaben und ging manche Mitgliedschaften ein. Er arbeitete im Untersuchungsausschuss Freiheitlicher Juristen mit, war Mitglied des Richterwahlausschusses, zeitweise auch in der CDU, war Mitglied des Präsidiums des Verwaltungsgerichts Berlin, zudem im Königsteiner Kreis (Vereinigung der Juristen, Volkswirte und Beamte aus der Sowjetischen Besatzungszone) sowie im Berliner Landesverband der Vertriebenen und Beisitzer im Disziplinarausschuss verschiedener Fakultäten der Freien Universität Berlin.

Der Verwaltungsgerichtsrat Carl-Albert Brüll schied am 31. Mai 1967 aus dem aktiven Dienst aus und widmete sich ausgewählten Fachthemen. Er engagierte sich weiterhin in der Beratung von Fragestellern zu Ost-West-Problemen, für die Bundesregierung ebenso wie für Vertriebenenverbände und private Personen mit DDR-Hintergrund. Dazu hatte er zeitweise ein Büro im Deutschlandhaus in der Stresemannstraße in Berlin. Regelmäßig am 17. Juni eines Jahres begleitete Brüll Kollegen und Interessierte zum Gedenkhain für die Opfer des Volksaufstandes am 17. Juni 1953 in der Berliner Seestraße.

---

78 BStU Dresden AOP 197/55 und BStU Dresden AOP 1347/73.

**Abb. 20** Carl-Albert Brüll (rechts) und Kollegen in den sechziger Jahren

In seiner Korrespondenz mit vielen alten und neuen Bekannten stand stets Erinnerung mit Ermutigung in Verbindung, immer mit dem Ausdruck persönlicher Akzeptanz und Wertschätzung, nicht allein wegen seines etwas altmodischen »Sehr verehrte, liebe gnädige Frau«. Ein jeder bescheinigte diesem Anwalt des Rechtes und der Sorgen, dass ihm Aufwand und Einfühlung nie zu viel gewesen seien. Die Distanz zu den gefährlichen braunen und roten Systemen der Menschenverachtung hatte nicht allein zu mutigen Positionierungen geführt, sondern spiegelte sich auf einer anderen Ebene in den alltäglichen Szenen der Mitmenschlichkeit.

Im November 1987 wurde dem 85-Jährigen vom Berlin-Spandauer Bezirksbürgermeister Werner Salomon die »Verdienstmedaille des Verdienstordens der Bundesrepublik Deutschland«

**Abb. 21** Besuch von Carl-Albert Brüll mit Kollegen aus dem Justizwesen der Gedenkstätte für die Opfer des 17. Juni 1953

verliehen, unterzeichnet von Bundespräsident Richard von Weizsäcker. Sein Schicksal symbolisiere »ein Stück deutscher Nachkriegsgeschichte«. Brüll hatte die Vereinigung der beiden deutschen Staaten kommen sehen und damit das Ende schmerzvoller Themen auch seiner Lebensgeschichte.

Den Zeitpunkt hat er um wenige Tage nicht mehr miterleben dürfen. Carl-Albert Brüll starb am 21. Oktober 1989 in Berlin; die schicksalsträchtige Mauer fiel am 9. November 1989.

# Nachtrag 1: Die Waldeck-Legende, seelenverwandt mit dem Bismarck-Kritiker

Gegenüber Freunden, namentlich Wolfgang Liebehenschel, dem verantwortlichen Baufachmann in der Kreuzberger Bezirksverwaltung, erwähnte Carl-Albert Brüll bei Spaziergängen in der Region, dass »der auf dem Sockel« ein Vorfahre von ihm wäre: Franz Leo Benedikt Waldeck.

Auch dieser preußische Beamte aus Ost-Westfalen war ein »Streiter für Freiheit und Recht«[79]. Er wurde geboren am 31. Juli 1802 in Münster, verstarb am 12. Mai 1870 in Berlin. Während der Revolution von 1848/49 stand er auf der Seite der Linksliberalen. In den sechziger Jahren des neunzehnten Jahrhunderts wurde Waldeck eine der führenden Personen der Fortschrittspartei und blieb einer der wirksamsten Konkurrenten und Kontrahenten von Otto von Bismarck.

Poetisch interessiert, literarisch und philosophisch versiert (Hegel, Fichte, Kant, Rousseau, Jakob Grimm) hatte er schließlich doch in den Rechtswissenschaften und nicht im germanistischen Feld promoviert. Nach Münster arbeitete er in Halberstadt und Paderborn, wo er auch Julia Lange (1809–1890) heiratete und mit ihr fünf überlebende von neun Kindern hatte. 1836 wurde dieser Jurist Oberlandesgerichtsrat in Hamm; 1844 kam der Wechsel nach Berlin, als Obertribunalrat. Der weltoffene und liberale Katholik verdiente sich im Vormärz wegen seines Engagements für die Landbevölkerung den Titel »Bauernkönig«. Etliche Wahlkreise hatten ihn für die Preußische Nationalversammlung vorgeschlagen; die Benennung durch Rudolf Virchow nahm er schließlich an.

79 *Wilhelm Biermann*, Franz Leo Benedikt Waldeck. Ein Streiter für Freiheit und Recht, Paderborn 1928 (Druck und Verlag Ferdinand Schöningh). Biermann war Sohn von Julia Biermann, geb. Waldeck.

**Abb. 22** Franz Leo Benedikt Waldeck

Waldeck setzte sich für eine konstitutionelle Monarchie mit einem starken Parlament und einem Einkammersystem ein. Er wurde zu einer Führungsfigur der Linken; zum Präsidenten der Nationalversammlung wurde er dann doch nicht gewählt. Freilich blieb sein Einfluss auf die Entwicklung eines Verfassungsentwurfs für Preußen groß: Man sprach von der »Charte Waldeck«, einer Zusammenfassung des diesbezüglichen Diskurses.

Auf Grund übler Unterstellungen und Urkundenfälschungen wurde Waldeck des Hochverrats bezichtigt und ihm Pläne zum Sturz des preußischen Königtums unterstellt. Er verbrachte 1849 sechs Monate im Gefängnis und wurde dann wegen der Haltlosigkeit der Anschuldigungen freigelassen. Er zog sich wegen der Aussichtslosigkeit der Lage zusammen mit der gesamten Linken aus dem politischen Geschäft zurück, um erst in den sechziger Jahren neue Wirksamkeit zu entwickeln. Die Gegenposition zu Wilhelm I. und Otto von Bismarck blieb erhalten; sein Wert für liberale und reformerische Strebungen blieb unerkannt. Besonders nach den Erwartungen an Bismarck, die liberalen Ambitionen und Vorstellungen zu begrenzen, gab es für Waldeck in Preußen keinen Raum mehr.

Als Waldeck am 12. Mai 1870 in Berlin starb, begleiteten ihn Zigtausende zu Grabe. 1889 wurde in Berlin-Kreuzberg ein kleiner Park nach ihm benannt und ein schon früher von Heinrich Walger geschaffenes Denkmal aufgestellt. Wilhelm I. hatte das vorher nicht gewollt. Die Nationalsozialisten entfernten die Skulptur 1936/37 und schafften sie auf den Neuen Hedwigsfriedhof in Berlin-Reinickendorf. 1947 hieß der Park wieder Waldeckpark, aber erst Ende der siebziger Jahre kehrte das Denkmal auf Grund des Engagements von Wolfgang Liebehenschel, dem zuständigen Baudirektor im Verwaltungsbezirk Kreuzberg, auf Anregung und in Abstimmung mit Carl-Albert Brüll wieder an seinen alten Platz zurück.

Eine familiäre Verbindung zu den Paderborner Waldecks und der Tochter Elisabeth »Betty« Waldeck, verheiratete »Brüll«, lässt sich nicht verlässlich nachweisen. Ob Brüll selbst tatsächlich eine familiäre Verbindung gemeint hatte oder mehr eine geistige und politische Verwandtschaft zu diesem Kämpfer für Liberalität, für Recht und Freiheit empfand, bleibt unklar. Jedenfalls können wir sagen, dass Brülls Bereitschaft zur Verantwortungsübernahme, seine strikten Handlungsweisen entlang von Überzeugungen und die stete Güte und Hilfsbereitschaft im Praktischen und Alltäglichen eine Seelenverwandtschaft zu jenem preußischen Beamten sichtbar werden lassen.

Hinsichtlich seiner Prominenz steht er Franz Leo Benedikt Waldeck freilich nach. Aber sein Weg durch »gefährliche Zeiten« im Sinne von Eric Hobsbawm verdient eine Erinnerung, weniger, um ihn auf ein Denkmal zu heben, vielmehr, um dem Vergessen entgegenzuwirken und das Bild eines Anwalts der Menschlichkeit zu bewahren mit Auffassungen, wie sie weiterhin und immer wieder gebraucht werden.

**Abb. 23** Das Waldeck-Denkmal im Waldeck-Park
im Berliner Bezirk Kreuzberg

## Nachtrag 2: Musik fürs Überleben, Klassik und Jazz unter Kriegsgefangenen

Carl-Albert Brülls Handlungsweise – in der Literatur wiederholt sich das Bild einer »quasi-angelic figure« – neben dem der polnischen Gefangenen war ohne Zweifel ein verdienstvolles Wollen, freilich in einer Situation des Dürfens und Sollens. Dass es sich keineswegs um einen Einzelfall handelte, zeigt die erst in letzter Zeit sich entwickelnde Forschung zur Musik in Kriegsgefangenenlagern: eine Musik zum Überleben. Individuell zu benennen sind etwa der bedeutende französische Dirigent und Komponist Jean Martinon, der ebenfalls in deutscher Kriegsgefangenschaft wichtige Werke erarbeiten konnte,[80] ebenso Maurice Thieriet, Michel Warlop (Swing und Jazz), Henri Lebon, Paul Chenevier, alle genannten Musiker aus dem ehemaligen Stalag IX A.

Auch im Lager Stalag VIII A (Görlitz-Moys) gab es nach der Anwesenheit von Messiaen Musikereignisse unterschiedlicher Art: Klassische Musik unter Leitung des Belgiers Ferdinand Carrion und die »Tango-Band« unter Leitung von Max Beker. Dieser professionelle Violinist und »Bandleader« lettischer Herkunft führte dort nach der nur siebenmonatigen Messiaen-Zeit zweieinhalb Jahre lang ein Orchester für Unterhaltungsmusik. Auch der Zeitzeuge Charles Jourdanet zeichnet 2001 »ein lebendiges Bild des kulturellen Lebens im Lager«[81].

Andere Lager berichten von kleineren Kompositionen und Auftritten der Kapellen auf dem Rathausplatz und ähnlichem. Der

80 Jean Martinon (10. Januar 1910 – 1. März 1976), französischer Komponist.

81 *Sonja Pauline Beker*, Symphony on Fire. A Story of Music and Spiritual Resistance during the Holocaust, New Milford, 2007; *P. Hill/N. Simeone*, Messiaen, wie Anm. 9; 111.

**Abb. 24** Max Beker String Band im Stalag VIII A

französische Ex-Kriegsgefangene Claude Torres hat eine Fülle von Lagermusiken identifiziert und Cover von Schallplattenaufnahmen präsentiert.[82] Nach diesem Eindruck und mit Blick auf die vielen Orchester-Fotos mit ähnlichem Charakter müsste man annehmen, dass die Heranziehung von Musikern zu einem Führungskonzept von Lagerleitungen gehörte. Die Dienstanweisung für Kommandanten von Kriegsgefangenenlagern hatte das aber nicht vorgesehen.[83] Aus diesem Grund ist die Situation von Messiaen als eine Facette im Rahmen eines umfangreicheren Gesamtbildes zu deuten.

Das Gesamtbild zeigt, dass Musik auch zu den todesnahen Verhältnissen in den nationalsozialistischen Konzentrationslagern und

82 *Claude Torres*, online: www.musiques-regenerees.fr.

83 Der Chef des OKW, Wilhelm Keitel, Dienstanweisung für den Kommandanten eines »Kriegsgefangenen-Mannschafts-Stammlagers«, Berlin 16.2.39.

zur Überlebenskunst in anderen Lagerformen gehörte, darunter auch Jazz. Guido Fackler benennt die Sing Sing Boys (Sachsenhausen), Rhythmusband (Buchenwald), Ghetto-Singers (Theresienstadt). Auch diesen Akteuren blieb die spätere Deportation in Vernichtungslager nicht erspart. Durchaus bekannt sind Namen wie Coco Schumann (Der Ghetto-Swinger), Eric Vogel (Trompete), Fritz Weiss (Saxophon), Martin Roman (Piano), die ihre Mitspieler mitzogen – trotz der SS und gelegentlich auch für die SS.

Bildende Kunst, Theaterspiel und Musik hatten eine überlebenswichtige Bedeutung an diesen Orten. Gedenkstätten präsentieren eindrucksvolle Produkte aus dieser Zeit, auch von russischen Kriegsgefangenen.[84] Dass Jazz und Swingmusik möglich waren, deutet auf eine quasi exterritoriale Situation hin, eine Subkultur, in der man nicht allein in Tarnsprache über das »Lied vom blauen Ludwig« (»St. Louis-Blues«) oder »Gut aufgelegt« (»In the Mood«) redete, sondern einfach zuließ, was sonst nicht möglich gewesen war, weil: Swing tanzen verboten, »Negermusik« verboten etc.[85]

Die Doppelbödigkeit und teilweise Widersprüchlichkeit von Verhältnissen im »Dritten Reich«, an vielen Beispielen nachweisbar, bildet sich auch auf diesem Lebensfeld ab. Wir sehen das Nebeneinander der Düsseldorfer Ausstellung vom 24. Mai 1938 zu »Entartete Musik. Eine Abrechnung« mit ihren Angriffen gegen

---

84 *R. Rischin*, For the End of Time, wie Anm. 12; 27f. – Zum handwerklichen und künstlerischen Schaffen sowjetischer und französischer Kriegsgefangener siehe *Gedenkstätte und Museum Trutzhain/Schwalmstadt* (Hg.), Kunst und Kultur im Lager. Stalag IX A, Schwalmstadt 2011 (Dokumentation); *Moosburg a.d. Isar*, Das Kriegsgefangenenlager Stalag VII A Moosburg in Oberbayern. 5 ½ Jahre Lagergeschichte 1939–1945, 50 Jahre Versöhnung und Freundschaft 1945–1995, Moosburg a.d. Isar 1995; *Giuseppe Chiampo*, Überleben mit Stift und Papier. Aus dem Tagebuch eines italienischen Militärinternierten im Zweiten Weltkrieg in Hilkerode/Eichsfeld, Göttingen 2004.

85 *Albrecht Dümling* (Hg.), Das verdächtige Saxophon. »Entartete Musik« im NS-Staat. Dokumentation und Kommentar, o.O. ⁵2015.

**Abb. 25** Max Beker Swing Band im Stalag VIII A

die »Negermusik« und der Geheim-Existenz von Goebbels Propaganda-Swing-Band Charlie And His Orchestra, in der hervorragende Jazzmusiker aus ganz Europa im wahrsten Sinne des Wortes um ihr Leben jazzten.

Diese Band spielte streng geheim für die NS-Auslandspropaganda über den Rundfunk. Während die »Judenmusik« eines Benny Goodman und Glen Miller strikt untersagt war, konnten Willy Berking, Eugen Henkel und Fritz Brocksieper, um nur die dem deutschen Publikum bekannteren Namen zu erwähnen, im Hintergrund Swing spielen, mit Schallplatten unter dem Ladentisch. Der Sänger Charlie Schwedler mag gesondert genannt werden.[86]

Die Probleme der NS-Führung mit der quasi-oppositionellen »Swing-Jugend« und ihrer Jazz-Begeisterung zwang diese als

86 *Der Spiegel*, Nr. 16/1988, 228–236.

**Abb. 26** Jazzband im Kriegsgefangenenlager Stalag IX A, Gedenkstätte und Museum Trutzhain

besonders schwierig wahrgenommenen Jugendlichen oftmals in das Jugendlichen-KZ Morungen.[87] Dass in Kriegsgefangenenlagern überhaupt so viele Instrumente zur Hand waren, hatte man unter anderem dem Internationalen Roten Kreuz IRK und der Gefangenenhilfe der YMCA (Young Men's Christian Association) zu verdanken, aber auch den Familien in der Heimat, die Instrumente an ihre Soldaten schickten, wohin es sie verschlagen hatte. Ansonsten wurde das Saxophon nur in Görings Luftwaffe toleriert und wurde zunächst einmal und dann dauerhaft ein quasi typisches Flieger-Musikinstrument.

87 *Wolfgang Beyer/Monica Ladurner*, Im Swing gegen den Gleichschritt. Die Jugend, der Jazz und die Nazis, Salzburg 2011.

Von den unter der NS-Herrschaft vieltausendfach geraubten Musikinstrumenten aus jüdischem Besitz und aus Kriegsgebieten wanderte das meiste in den Bestand des „Einsatzstabes Reichsleiter Rosenberg" (ERR), natürlich nicht unbedingt die Stradivari und Guarneri, die schon vorher einen neuen Besitzer gefunden hatten und später einmal zum Restitutionsthema wurden. Dass von den normalen Stücken das eine oder andere in die Lagerszene abgezweigt wurde, ist durchaus möglich.

Wohl gilt die Daseinsformel: Exzeptionelle Zustände voller Dramatik, Gefahren und Untergang generieren immer auch inverse Verhältnisse: also umgekehrte, gegenteilige Zustände, »verrückte« Abseiten, Ausnahmen und Fluchten. Es gehört zu den Bildern von Macht, dass es sich die Machthaber erlauben, Praktiken und Situationen zuzulassen und auszukosten, die – quasi hinter der Bühne – dann und wann genau das Gegenteil von dem abbilden, was vorne gespielt und nach außen propagiert wird. Siehe Hermann Göring: Wer Jude ist, bestimme ich; oder Joseph Goebbels Swing-Band. – Wie auch immer: »We never would have survived without music.«[88]

88 *Guido Fackler*, Jonny spielte doch auf! Jazz im »Dritten Reich«, in: *A. Dümling*, Saxophon, wie Anm. 85; 29–47, 46f., mit umfänglichen Literaturangaben.

# Literatur

## Teil I: Rubensohn

*Arendt, Hannah*, Rahel Varnhagen. Lebensgeschichte einer deutschen Jüdin aus der Romantik, München, Zürich 2005, div. Aufl.

*Benz, Wolfgang*, Im Widerstand. Größe und Scheitern der Opposition gegen Hitler, Berlin 2019.

*Berlin, Isaiah*, Das krumme Holz der Humanität, Frankfurt am Main 1992.

*Clark, Christopher*, Von Zeit und Macht. Herrschaft und Geschichtsbild vom Großen Kurfürsten bis zu den Nationalsozialisten, München 2020.

*Dahrendorf, Ralf*, Versuchungen der Unfreiheit. Die Intellektuellen in Zeiten der Prüfung, München 2008.

*Deichmann, Ute*, Flüchten, Mitmachen, Vergessen. Chemiker und Biochemiker in der NS-Zeit, Weinheim 2001.

*Dick, Lutz van*, Oppositionelles Lehrerverhalten 1933–1945. Biographische Berichte über den aufrechten Gang von Lehrerinnen und Lehrern, Weinheim/München 1988.

*Friedländer, Saul*, Das Dritte Reich und die Juden. Die Jahre der Verfolgung, München [2]2008.

*Gailus, Manfred/Clemens Vollnhals*, Mit Herz und Verstand. Protestantische Frauen im Widerstand gegen die NS-Rassenpolitik, Göttingen 2013.

*Hensel, Rolf*, »Diese denkwürdigen Tage des Winters …«. Die Jahresberichte der höheren Schulen Preußens, in: *Berlin in Geschichte und Gegenwart*. Jahrbuch des Landesarchivs Berlin 2015, 55–98.

*Ders.*, Stufen zum Schafott. Der Berliner Stadtschulrat und Oberbürgermeister von Görlitz: Hans Meinshausen, Berlin 2012.

*Hermle, Siegfried/Claudia Lepp/Harry Oelke* (Bearb.), Christlicher Widerstand!? Evangelische Kirche und Nationalsozialismus, Leipzig 2019.

*Hilberg, Raul*, Täter, Opfer, Zuschauer. Die Vernichtung der Juden 1933–1945, Frankfurt am Main [5]1996.

*Hirsch, Luise*, Vom Schtetl in den Hörsaal. Jüdische Frauen und Kulturtransfer, Berlin 2010.

*Hobsbawm, Eric John Ernest*, Das Zeitalter der Extreme. Weltgeschichte des 20. Jahrhunderts, München 2007, Neuauflage 2019.

*Ders.*, Gefährliche Zeiten. Ein Leben im 20. Jahrhundert, München und Wien 2003, Original: Interesting Times. »Gefährliche Zeiten« und »Zeitalter der Extreme« 2019 in Neuauflagen.

*Jungmann, Irmgard*, Die nationalsozialistische Kantate: vernichtet – verschollen – vergessen, Hamburg 2020.

*Kosmala, Beate/Schoppmann, Claudia* (Hg.), Sie blieben unsichtbar. Zeugnisse aus den Jahren 1941 bis 1945, Berlin 2006.

*Dies.*, Überleben im Untergrund. Hilfe für Juden in Deutschland 1941–1945, Berlin 2002.

*Leichsenring, Jana*, Die katholische Kirche und »ihre Juden«. Das »Hilfswerk beim Bischöflichen Ordinariat Berlin« 1938–1945, Berlin 2007.

*Maier, Helmut*, Chemiker im »Dritten Reich«. Die Deutsche Chemische Gesellschaft und der Verein Deutscher Chemiker im NS-Herrschaftsapparat, Weinheim 2015.

*Meyer, Beate*, Tödliche Gratwanderung. Die Reichsvereinigung der Juden in Deutschland zwischen Hoffnung, Zwang, Selbstbehauptung und Verstrickung (1939–1945), Göttingen 2011.

*Münkler, Herfried* , Der Große Krieg. Die Welt von 1914 bis 1918, Berlin [7]2013.

*Naimark, Norman M.*, Die Russen in Deutschland. Die sowjetische Besatzungszone 1945–1949, Berlin 1997.

*Niedobitek, Christa/Niedobitek, Fred/Sauerteig, Eberhard*, Rhoda Erdmann, Else Knake. Naturwissenschaftliche Forschung in Zeiten von Krieg und Diktatur, Lage 2017.

Nürnberg, Reiner/Höxtermann, *Ekkehard/Voigt, Martina* (Hg.), Elisabeth Schiemann (1881–1972). Vom Aufbruch der Genetik und der Frauen in den Umbrüchen des 20. Jahrhunderts, Rangsdorf 2014.

*Nydahl, Jens*, Das Berliner Schulwesen, Berlin 1928.

*Osterloh, Jörg*, Ausschaltung der Juden und des jüdischen Geistes. Nationalsozialistische Kulturpolitik 1920–1945, Frankfurt am Main 2020.

*Osterloh, Jörg/Vollnhals, Clemens* (Hg.), NS-Prozesse und deutsche Öffentlichkeit. Besatzungszeit, frühe Bundesrepublik und DDR, Göttingen 2011.

*Reich-Ranicki, Marcel*, Meine Schulzeit im Dritten Reich, Erinnerungen deutscher Schriftsteller, München 1997, div. Auflagen.

Reichsgesetzblatt. Gesetz zum Schutze des deutschen Blutes und der deutschen Ehre vom 15. September 1935, Reichsgesetzblatt 1935, I, 1146f.

*Schilde, Kurt*, »Wahrscheinlich wird das unser Untergang sein«. Der Bericht von Erich und Elisabeth Frey an ihre ausgewanderten Töchter (1942), Berlin 2019.

*Stange, Dagmar*, Leben unter dem Hakenkreuz. Familienschicksale zwischen Weimarer Republik und Drittem Reich, Berlin 2019.

*Stern, Fritz,* Der Traum vom Frieden und die Versuchung der Macht. Deutsche Geschichte im 20. Jahrhundert, Berlin 1999. Amerikanische Originalausgabe: Dreams and Delusions. The Drama of German History.

*Ders.*, Fünf Deutschland und ein Leben. Erinnerungen, München [9]2017.

*Tenorth, Heinz-Elmar/Grüttner, Michael* (Hg.), Geschichte der Universität Unter den Linden, Bd. 2. Die Berliner Universität zwischen den Weltkriegen 1918–1945, Berlin 2012.

*Traverso, Enzo*, Im Bann der Gewalt. Der europäische Bürgerkrieg 1914–1945, München 2008.

*Tuchel, Johannes*, Ein andauernder Prozess. Der deutsche Widerstand in der Geschichtsschreibung, *Wissenschaftliche Zeitschrift des Studienkreises Deutscher Widerstand 1933–1945*, 42 (2017), H. 85, 3–8.

*Wehler, Hans-Ulrich*, Deutsche Gesellschaftsgeschichte, Vierter Band: Vom Beginn des Ersten Weltkriegs bis zur Gründung der beiden deutschen Staaten 1914–1949, München 2003.

*Winkler, Heinrich August*, Der lange Weg nach Westen. Deutsche Geschichte 1806–1933, Bonn, div. Aufl.

## Teil II: Brüll

*Aly, Götz*, Volk ohne Mitte. Die Deutschen zwischen Freiheitsangst und Kollektivismus, Frankfurt am Main 2015.

*Benjamin, Hilde*, Zur Geschichte der Rechtspflege der DDR 1945–1949. Von einem Autorenkollektiv unter Leitung von Hilde Benjamin, Berlin 1976, Bd.1.

*Broszat, Martin*, Siegerjustiz oder strafrechtliche »Selbstreinigung«. Aspekte der Vergangenheitsbewältigung der deutschen Justiz während der Besatzungszeit 1945–1949, in: *Vierteljahrshefte für Zeitgeschichte* Jg. 29, 1981, Heft 4, S. 477–544.

*Dümling, Albrecht* (Hg.), Das verdächtige Saxophon. »Entartete Musik« im NS-Staat. Dokumentation und Kommentar, o.O. [5]2015.

*Dworkin, Ronald*, Gerechtigkeit für Igel, Berlin 2012.

*Fricke, Karl Wilhelm*, DDR-Juristen im Konflikt zwischen Gehorsam, Verweigerung und Widerstand, in: *Roger Engelmann/Clemens*

*Vollnhals*, Justiz im Dienste der Parteiherrschaft. Rechtspraxis und Staatssicherheit in der DDR, Berlin 1999, 205–226.

*Gieseke, Jens*, Die Stasi 1945–1990, München $^{4}$2011.

*Hacke, Gerald*, »... so unpolitisch ...«. Der Dresdner Rechtsanwalt Fritz Glaser (1876–1956); in: *Andreas Kötzing/Francesca Weil/Mike Schmeitzner/Jan Erik Schulte*, Vergleich als Herausforderung. Festschrift für Günther Heydemann zum 65. Geburtstag, Göttingen 2015, 185–204.

*Ders.*, Der Dresdner Juristenprozess 1947 im Spannungsfeld der politischen und medialen Auseinandersetzung, in: *Jörg Osterloh/Clemens Vollnhals* (Hg.), NS-Prozesse und deutsche Öffentlichkeit. Besatzungszeit, frühe Bundesrepublik und DDR, Göttingen 2011, 167–188.

*Helm, Rolf*, Anwalt des Volkes. Erinnerungen, Berlin 1978.

*Hensel, Rolf*, »Mitten im Frieden hat uns der Feind überfallen«. Die ersten Kriegswochen 1914 aus dem Blickwinkel höherer Schulen Schlesiens, in: *Görlitzer Magazin*, Jg. 27, 2014, 88–102.

*Ders.*, Stufen zum Schafott. Der Stadtschulrat von Berlin und Oberbürgermeister von Görlitz: Hans Meinshausen, Berlin 2012.

*Hill, Peter/Simeone, Nigel*, Messiaen, New Haven 2005, deutsch: Messiaen, Mainz 2007.

*Jähner, Harald*, Wolfszeit. Deutschland und die Deutschen 1945–1955, Berlin $^{9}$2019.

*Judt, Tony*, Das vergessene 20. Jahrhundert. Die Rückkehr des politischen Intellektuellen, München 2010.

*Kaminsky, Anne* (Hg.), Orte des Erinnerns. Gedenkzeichen, Gedenkstätten und Museen zur Diktatur in SBZ und DDR, Berlin $^{3}$2016.

*Lauerwald, Hannelore*, In fremdem Land (1939 bis 1945). Kriegsgefangene in Deutschland am Beispiel des Stalag VIII A Görlitz, Görlitz 1996.

*Dies.*, Primum vivere. Zuerst leben. Wie Gefangene das Stalag VIII A Görlitz erlebten, Bautzen 2008.

*Meyer-Seitz, Christian*, Die Verfolgung von NS-Straftaten in der Sowjetischen Besatzungszone, Berlin 1998.

*Rischin, Rebecca*, For the End of Time. The Story of the Messiaen Quartet, Ithaka/New York: Cornell University Press, 2003, in Überarbeitung 2006.

*Roth, Heidi*, Der 17. Juni 1953 in Görlitz, Bautzen 1998.

*Sack, Birgit/Gerald Hacke*,Verurteilt. Inhaftiert. Hingerichtet. Politische Justiz in Dresden 1933–1945 / 1945–1957, Dresden 2016.

*Schmeitzner, Mike*, Formierung eines neuen Polizeistaates. Aufbau und Entwicklung der politischen Polizei in Sachsen 1945 bis 1952, in: *Rainer Behring/Mike* Schmeitzner (Hg.), Diktaturdurchsetzung in Sachsen. Studien zur Genese der kommunistischen Herrschaft 1945–1952, Köln 2003, 201–267.

*Schmidt, Helmut/Fritz Stern*, Unser Jahrhundert. Ein Gespräch, München [2]2011.

*Stankiewicz, Jerzy*, Olivier Messiaen. Człowiek I artysta w Stalagu VIII A w Görlitz (Olivier Messiaen. Mensch und Künstler im Stalag VIII A in Görlitz), Zgorzelec 2014.

*Stern, Fritz,* Fünf Deutschland und ein Leben. Erinnerungen, München 2007.

*Wehler, Hans-Ulrich*, Deutsche Gesellschaftsgeschichte, Fünfter Band. Bundesrepublik und DDR 1949–1990, München 2008.

*Wentker, Hermann*, Justiz in der SBZ/DDR 1945–1953. Transformation und Rolle ihrer zentralen Institutionen, München 2001.

*Werkentin, Falco*, Die Prozesse, ein Experimentierfeld für die künftige Scheinjustiz unter der Kontrolle der SED? In: *Klaus Bästlein/ Annette Rosskopf/Falco Werkentin*, Beiträge zur juristischen Zeitgeschichte der DDR, Berlin [2]2007, 33–52.

# Abbildungsnachweis

**Umschlag vorn, von oben links im Uhrzeigersinn:**

1 Rolf Hensel, Berlin
2 Aus: P. Hill/M. Simeone, Messiaen, New Haven 2005
3 Rolf Hensel, Berlin
4 Aus: Helmuth Fechner, Dr. Meinshausen, Berlin 1934
5 Thomas Föhl, Weimar
6 Ratsarchiv der Stadt Görlitz, Kart 31007
7 Friedrich Bilzer, Berlin
8 Aus: Dieter Riesner/Helmut Gneiss (Hg.), Festschrift für Walter Hübner, Berlin 1964
9 Aus: Nationalsozialistische Erziehung, 15. August 1933, Heft 7
10 Bildarchiv Preußischer Kulturbesitz bpk 3000 37 27
11 Ratsarchiv der Stadt Görlitz Kart. 31 009
12 Rolf Hensel, Berlin

## Teil I

Abb. 1 Rolf Hensel, Berlin
Abb. 2 Landesarchiv Berlin F Rep 290 II 9873
Abb. 3 Landesarchiv Berlin F Rep 290 II 9866
Abb. 4 Aus: *Werner Lemm*, Schulgeschichte in Berlin, Berlin 1987, 107
Abb. 5 Landesarchiv Berlin F Rep 290 II 7019
Abb. 6 Landesarchiv Berlin F Rep 290 II 6182
Abb. 7 Landesarchiv Berlin F Rep 290 II 7025
Abb. 8 D58E3 Chemin du mont de Lorette, 62153 Ablain-Saint-Nazaìre

Abb. 9 Rolf Hensel, Berlin
Abb. 10 Bildarchiv Preußischer Kulturbesitz, bpk 3000 37 27
Abb. 11 Jüdisches Museum Berlin 2000 12021719
Abb. 12 Bundesarchiv Berlin R 4901 Nr. 4717, unpaginiert
Abb. 13 Bundesarchiv Berlin R 4901 Nr. 4717, unpaginiert
Abb. 14 Bundesarchiv Berlin R 4901 Nr. 4717, unpaginiert
Abb. 15 Bundesarchiv Berlin R 4901 Nr. 4717, unpaginiert
Abb. 16 Jüdisches Museum Berlin FOT 881/500/106/015, Herbert Sonnenfeld
Abb. 17 Jüdisches Museum Berlin 2005/36/22
Abb. 18 Jüdisches Museum Berlin FOT 88/5001/160/015, Herbert Sonnenfeld
Abb. 19 Rolf Hensel, Berlin
Abb. 20 siehe Abbildungsnachweise Cover
Foto Elisabeth Abegg: Martina Voigt, Berlin

## Teil II

Abb. 1 Hannelore Lauerwald, Görlitz
Abb. 2 Hannelore Lauerwald, Görlitz
Abb. 3 Aus: *P. Hill & N. Simeone*, Messiaen, New Haven 2005
Abb. 4 Hannelore Lauerwald, Görlitz
Abb. 5 Hannelore Lauerwald, Görlitz
Abb. 6 Hannelore Lauerwald, Görlitz
Abb. 7 Friedrich Bilzer, Berlin
Abb. 8 Ratsarchiv der Stadt Görlitz, Kart 31012 b
Abb. 9 Ratsarchiv der Stadt Görlitz, Kart 31013 a
Abb. 10 Ratsarchiv der Stadt Görlitz, Kart 31012 a
Abb. 11 Ratsarchiv der Stadt Görlitz, Kart 31007 a
Abb. 12 Ratsarchiv der Stadt Görlitz, Kart 31007 b

Abb. 13 Ratsarchiv der Stadt Görlitz, Kart 31009
Abb. 14 Rolf Hensel, Berlin
Abb. 15 a Sächs. Landes- und Universitätsbibl. Dresden, Nr. 21111213
Abb. 15 b Fallakte BStU. MfS. ASt Band 3
Abb. 16 Ratsarchiv der Stadt Görlitz, Plakat vom 17. Juni 2013
Abb. 17 Ratsarchiv der Stadt Görlitz, Plakat vom 17. Juni 2013
Abb. 18 Friedrich Bilzer, Berlin
Abb. 19 Friedrich Bilzer, Berlin
Abb. 20 Friedrich Bilzer, Berlin
Abb. 21 Friedrich Bilzer, Berlin
Abb. 22 Rolf Hensel, Berlin
Abb. 23 Aus: *W. Biermann*, Franz Leo Benedikt Waldeck, Paderborn 1928
Abb. 24 Hannelore Lauerwald, Görlitz
Abb. 25 Hannelore Lauerwald, Görlitz
Abb. 26 Gedenkstätte und Museum Trutzhain

Die Deutsche Nationalbibliothek verzeichnet diese Publikation in der Deutschen Nationalbibliografie; detaillierte Daten sind im Internet über https://portal.dnb.de/ abrufbar.


Inh. Dr. Nora Pester
Haus des Buches
Gerichtsweg 28
04103 Leipzig
info@hentrichhentrich.de
http://www.hentrichhentrich.de

Lektorat: Malte Gerken
Gestaltung: Gudrun Hommers
Druck: Winterwork, Borsdorf

1. Auflage 2021

Printed in Germany
ISBN 978-3-95565-448-1